高等职业教育公共课精品教材
新时代课程思政建设配套教材

U1017243

大学生禁毒防艾健康教育

（思政课+精品微课）

主 编：冯靖雄

● 思政课程　● 互联网+　● 配套教学资源包

北京体育大学出版社

策划编辑：韩培付
责任编辑：米　安
责任校对：曹晓燕

图书在版编目（CIP）数据

大学生禁毒防艾健康教育 / 冯靖雄主编. — 北京 ：北京体育大学出版社，2023.11（2025.8 重印）
ISBN 978-7-5644-3924-8

Ⅰ. ①大… Ⅱ. ①冯… Ⅲ. ①禁毒－中国－青年读物②获得性免疫缺陷综合征－预防(卫生)－青年读物 Ⅳ. ①D669.8-49②R512.910.1-49

中国国家版本馆 CIP 数据核字(2023)第 204648 号

大学生禁毒防艾健康教育
DAXUESHENG JINDU FANG'AI JIANKANG JIAOYU　　主　编　冯靖雄

出版发行：北京体育大学出版社
地　　址：北京市海淀区农大南路 1 号院 2 号楼 2 层办公 B-212
邮　　编：100084
网　　址：http://cbs.bsu.edu.cn
发 行 部：010-62989320
邮 购 部：北京体育大学出版社读者服务部 010-62989432
印　　刷：河北鸿运腾达印刷有限公司
开　　本：880mm×1230mm　1/16
成品尺寸：210mm×285mm
印　　张：9
字　　数：260 千字
版　　次：2023 年 11 月第 1 版
印　　次：2025 年 8 月第 2 次印刷
定　　价：42.00 元

（本书如有印刷质量问题，请与出版社联系调换）
版权所有 · 侵权必究

PREFACE 前言

本书是在贯彻国家相关政策的基础上，以维护和促进大学生健康成长为目标，通过规范科学的思路，使用通俗流畅的笔触、丰富生动的实例，深入浅出地阐述了禁毒防艾的基础知识。

按照科学、实用的原则，全书共分为五个部分：第一部分为生命教育，包括生命概述，生命教育概述，生命的价值与责任；第二部分介绍毒品的相关内容，包括认识毒品，毒品的危害及防范，防控毒品犯罪的对策；第三部分为社会性别与性教育，包括社会性别，性健康教育与性心理健康教育；第四部分主要介绍艾滋病的相关知识，包括艾滋病的基础知识，艾滋病自愿咨询检测、行为干预、预防及治疗，艾滋病相关问题的思考；第五部分为附录，包括禁毒方面的一些法律、条例，麻醉药品和精神药品品种目录以及 2022 年中国毒情形势报告。

总体来说，本书编写体现出以下几个特点。

第一，系统性。本书从不同侧面对毒品、艾滋病以及大学生如何抵制毒品、防治艾滋病等内容进行了全景式的展示和透视。同时，还对生命的认知，大学生的性生理、性心理和性道德教育，以及禁毒防艾常用的教育教学方法等内容做了全面的阐述。

第二，说理性。本书既有理论知识，又编排了一些案例，对当代大学生从思想上、道德上、心理上认识毒品和艾滋病的危害性具有重大意义，是帮助其树立正确的人生观、世界观和价值观，进行珍爱生命教育的读本。

第三，可读性。本书在阐述相关知识的同时，还增加了丰富生动的拓展阅读材料，有利于大学生掌握抵制毒品、预防艾滋病的方法。

通过本书的学习，大学生能够从多方面掌握禁毒防艾的基础知识，以促进身心健康发展，从而成为有理想、有道德、有文化、有纪律的社会主义新人。本书既可作为职业院校公共基础课的教材，也可作为社会开展禁毒防艾教育的指导用书。

由于编者的水平有限，书中难免存在疏漏和不足之处，敬请广大读者批评指正。

目录

CONTENTS

第一部分　生命教育

第二部分　毒品

第五部分　附录

CONTENTS

第一部分 生命教育

第一章 生命概述

本章导读

人最宝贵的就是生命，生命对于每个人都是公平的。生命教育可以帮助人们认识到生命的来之不易，明确生命到底意味着什么，以及了解自己的生命对自己、对家人、对社会具有怎样的意义。

开展生命教育，就是要使学生了解生命常识、生命科学、生命哲学，使学生认识什么是人、什么是人性，解决“人为什么活着”“如何活着”等问题。通过生命教育，学生可以学会崇尚真、善、美，科学地界定自己的生命价值，找到属于自己的人生理想、人生目的、人生价值、人生态度。

学习目标

◎ 理解生命的意义并了解生命的起源。

◎ 掌握生命的内涵。

情境导入

根据世界卫生组织的调查结果，在全球青少年死亡原因的前三项中，自杀赫然在列，其中学生自杀更为突出，且仍有逐年严重的趋势。除自残、自杀外，学生伤害他人和动物的现象也屡见不鲜。因此，帮助学生正确认识生命的价值和意义，树立正确的生命观尤为重要。

第一节 生命的诠释和起源

人的生命是宝贵的，然而在现实生活中，有的人却不能正确理解和把握生命，自杀、伤人或者伤害动物等漠视生命的事件时有发生。因此，开展生命教育，任重道远，刻不容缓。

一、生命的诠释

在漫长而广袤的时空中，人类不断进行繁衍，不断地认识世界、改造世界，创造出了不可胜数的物质文明和精神文明成果。然而，人类创造了一个又一个惊天动地的伟业后，常会发现还没真正地认识自己。“人是什么”“人应该怎样生活”等关于生命本质的问题，从古至今都是人们苦苦思索的课题。

从分子生物学的角度看，生命是由核酸和蛋白质等物质组成的分子体系，它具有繁殖后代以及对外界刺激作出反应的能力。哲学对生命的定义是“生命是生物的组成部分，是生物具有的生存发展性质和能力，是生物的生长、繁殖、代谢、应激、进化、运动等行为表现出来的生存发展意识，是人类通过认识实践活动从生物中发现、界定、彰显、抽取出来的具体事物和抽象事物”。生命、生存发展性能、生存发展意识是生物具有的本质属性，也是生物必须遵从的生命规律，生物和生命之间也是遵从对立统一规律的，其对立性表现在生命与生物之间并非完全对等，其统一性表现为生命与生物的交集部分占较大比例。生物可以理解为具有生命的自然物体，也要服从自然规律和自然法则。当非生物的自然物体经过长期进化演变，逐渐具有自主性，遵从自我意识，可以自我行动时，就具有了生物的特性，具有了生命的特征。

心理学认为，人具有潜意识、前意识、意识，随着年龄的增长，人会形成自我意识，认识到自己与他人的不同，认识到自己是一个独立的个体，具有掌控自身的能力。

以上对于生命的定义，有的是从第一生命系统方面阐释的，第一生命系统是指肉体，有形状和重量，而第二生命系统是指情感、意志、思想、道德等。第一生命系统与第二生命系统相辅相成、相互依赖，在此，我们着重讨论的范畴属于第二生命系统。人与动物都具有生命，都是自然界的一部分，不能脱离自然而存在。人与动物的相同点是都具有第一生命系统，有肉体，有形状，有重量。人与动物的区别主要在于第二生命系统，人具有情感、意志、思想、道德等根植于第一生命系统却超越第一生命系统的第二生命系统，这是人区别于动物的主要原因。

二、生命的起源

关于生命的起源，在世界各民族中曾经有种种假说。神创说，即认为生命是由神创造的，神创说曾颇具影响力。直到 19 世纪中期，英国生物学家达尔文发表了《物种起源》，这才有了生物进化论的学说。《物种起源》中用大量资料证明了形形色色的生物是在遗传变异、生存斗争和自然选择中，由简单到复杂、由低等到高等，不断发展变化而来的。

随着科学的发展和人类认识能力的进一步提高，人类对生命的起源又有了更深的认识。从历届国际生命起源大会发表的研究论文来看，关于生命起源的假说可以归结为两大类：一类是化学进化说，另一类是宇宙胚种说。化学进化说主张生命是在原始地球条件下从无机到有机、由简单到复杂的一系列化学进化过程。生命的化学进化过程可分为以下四个阶段：从无机小分子生成有机小分子；从有机小分子形成有机大分子；从有机大分子组成能自我维持稳定和发展的多分子体系；从多分子体系演变为原始生命。宇宙胚种说则认为，地球上最初的生命来自地球以外的宇宙空间，只是后来才在地球上发展起来的。在第十届国际生命起源大会上，有人提出：引发化学反应并导致生命产生的有机物，是与地球碰撞的彗星带来的。虽然诸如此类的观点尚需进一步证明，但是通过对陨石、彗星、星际尘云以及其他行星上的有机分子进行探索与研究，了解那些有机分子形成和发展的规律，并将其与地球上的有机分子进行比较，都将为地球上生命起源的研究提供更多的资料。

无论何种生命，都有一个由低级向高级的进化过程，人类的生命更是如此。一般认为，在 2300 万—1800 万年前，在热带雨林地区和广阔的草原上，生活着一种古代灵长类动物——森林古猿，他们是人类最早的祖先。他们在漫长的岁月中不断进化，演化成现在的人。从生殖角度来看，人类个体生命源于精子和卵子的结合，几千万个精子穿越重重障碍，但一般最后只有一个精子与卵子结合形成受精卵，受精卵进一步发育成胚胎，这才有了人类个体生命的开始。

第二节 生命的含义

一、生命的内涵

一般来说，生命既包括人的生命，也包括动物和植物等一切自然生命。在此，我们主要讨论的是人的生命。现代生物学研究成果为人们揭示了生命的奥秘，为正确认识生命的内在结构提供了依据，却无法揭示生命的意义和价值所在。要想理解生命的内涵，以意义和价值为基点的生命教育还必须涉及另一个领域——哲学。弗里德里希·威廉·尼采将生命归结为强力意志；亨利·柏格森从生物进化论出发，认为生命是一种向上的冲动，生命的本质是创造；威廉·狄尔泰从心理、历史、社会的角度来研究人的精神生命，将个体的生命扩展到他人的生命和人类的生命；等等。总之，对生命及其意义的探寻是哲学家们思考的重要问题。在哲学领域，“生命”已不再是纯粹的生物学意义上的概念，而是演变成具有本体色彩的哲学术语。生命的能动中有受动，衰败中有新生，释放中有实现，一切都在矛盾、张力中展开。这就是生命之“生”，同时也是生命之“命”。

人的生命主要有以下两个特点：一是生命的有限性，即个体的存在时间有限，但正是这种有限性激发了人类活动的动力；二是生命的创造性，其表现在人的生命不是被决定的，人的生命的意义也不是被给定的。通过创造，人才成为人，不仅如此，生命的创造还是无止境的，人总在不断追求自我的完善。

二、生命的存在形式

人的生命具体的存在形式可以概括为自然生命、精神生命以及价值生命。

1. 自然生命

自然生命是人进行一切生命活动的前提，是人能够生存和发展的物质基础。作为自然界的产物，人首先是一个自然存在物，是自然界的一部分，是有生命的肉体。但是，人也是一个特殊的自然存在物。人的生理需求并不等同于动物的生理需求，还包含了社会属性。

2. 精神生命

人和动物的共性是都具有自然属性，同时人还具有社会属性，这就使人不仅仅满足于对自然生命的追求和延续。人的主观能动性使人和动物产生差别，使人超越了任何动物所共同具有的自然生命，升华为精神生命。精神生命使人追求生命的理想和信念，体现出生命价值的无限性、永恒性和实践性。精神生命是自然生命和价值生命的桥梁，精神生命让人的自然生命具有人文光辉。

3. 价值生命

人的价值生命是在自然生命和精神生命的基础上经过社会实践活动而获得的一种生命形态。在生命的类化过程中，人扬弃的是自然生命的自在性，超越的是精神生命的内在性和主观性，获得的是一个新的以意识自觉为前提的个体性的生命，即价值生命的创生。

自然生命体现的是人的自然属性方面的需求，同时自然生命也是精神生命和价值生命的前提和基础，是精神生命和价值生命得以存在的首要条件。精神生命是对自然生命的升华，是人的生命区别于动物生命的判断标准之一。自然生命、精神生命以及价值生命共同构成了人的生命的存在形式，体现了人的生命的特性。

拓展阅读

我们不一定要活得轰轰烈烈，但总要掷地有声。面对偌大的世界，面对复杂的生活，人生的答案是丰富多彩的，不同的人，不同的时代，不同的场合，人们用自己的行为诠释着生命的真谛。雷锋，用自己的一生践行着“把有限的生命投入到无限的为人民服务之中去”的诺言；张海迪，在轮椅上追寻梦想，展现出自强不息的精神。

案例分析

2000 年，上海市某高校一位生物科学院研究生被分配到上海市某毒品研究所工作，虽然他对毒品知识了解甚多，但因其对毒品的好奇心而埋下了祸根。有一次，他趁同事不注意，尝试了一下。结果，就那么一点白色粉末状的物质就使他不能自拔。由于吸毒过量，他于 2002 年 7 月在医院不治身亡。一条生命就此消逝，他的家庭也因此破碎。这个令人痛心疾首的案例给我们每个人都敲响了警钟。

因此，大学生应该从思想上抵制毒品，珍爱生命，不要听信社会上不良人员的蛊惑，将毒品的危害牢记于心。

思政元素

成为生命教育的“萤火虫”，上海大学启动“沉浸式生命教育项目”

2021 年 11 月 28 日，上海大学“沉浸式生命教育项目”启动，除了招募志愿者成为生命教育的“萤火虫”，还将通过体验、讲座、沙龙等计划让大学生了解生命、尊重生命、关爱生命。“我们准备招募 30 名临终关怀志愿者，首批参与我们的生命教育体验计划。”上海大学社会学院社会工作系主任程明明表示，志愿者需要完成 8 小时的上岗培训，结束后去往各实践基地完成 40 小时的志愿服务。“在这当中他们还要完成一定的任务，比如完成一个生命叙事的故事。”之后再接受专业的生命教育结构式团体辅导，升华实践过程中的积极心理品质。完成体验的志愿者们将从生命教育的“种子”升级成为生命教育的“萤火虫”。“如果愿意继续发挥更大更多的能量，可以继续完成另外 40 小时的志愿服务，协助设计和制作一项生命教育推广产品，并到一些中小学完成 3 次生命教育公共活动，比如沙龙、讲座、绘本故事、团体辅导等。”程明明说，“萤火虫”的寓意就是可以把光带到更多的地方去照亮他人。

（资料来源：青春上海 News—24 小时青年报，2021 年 11 月 28 日，有改动）

知识回顾

本章着重探讨了生命的起源和含义。在此基础上，叙述了生命的内涵，包括生命的有限性和创造性，并阐述了人的生命具体的存在形式，即自然生命、精神生命以及价值生命。

想一想

1. 如何科学地解释生命的起源？
2. 生命的内涵和存在形式是什么？

第二章 生命教育概述

本章导读

生命教育，即有关生命的教育。不同的学者对于生命教育有着不同的定义与见解。总体来说，生命教育的本质是为了唤起人们对于生命的正确认识，使人们在社会生活和社会交往中能够正确地对待自己和他人的生命，保持乐观的生活态度，以负责的态度对待生命，正确看待生命的有限性，才能够把自然生命升华到精神生命，从而有利于人们积极追求生命的意义。

由此可见，生命教育旨在引导人们学会处理人生中遇到的和生命相关的问题，使人们能清晰地认识生命的特点和生命的存在形态，使人们在自然生命的基础之上发展精神生命，实现自然生命和精神生命的统一以及精神生命对自然生命的超越。

学习目标

◎ 掌握生命教育是如何出现的并理解生命教育的重要性。

◎ 了解国内外的生命教育现状。

◎ 了解生命教育的内容。

情境导入

生命教育是为了让人们感悟到生命的有限性、唯一性，从而思考个体生命的存在价值，并在人生实践中实现其生命价值。生命教育是要使人们认识与接受生命的意义，热爱与发展每个人独特的生命，并将自己的生命融入社会之中，树立起积极、健康、正确的生命观。人们只有敬畏生命、尊重生命、热爱生命、呵护生命，才可能培养起自己坚定的理想信念，才可能以博大的胸怀和坚忍的毅力去实现个体的生命价值，为社会作出贡献。

第一节 生命教育的出现

1968年，美国学者杰·唐纳·华特士在加利福尼亚州北部内华达山脚下创建了“阿南达智慧生活学校”，在这里，生命是一种体验，人们的生活就是学习，人人都致力于探索蕴含在生命教育中的规律，并遵循这些规律生活。1986年，华特士出版了《生命教育：与孩子一同迎向人生挑战》一书，该书拓展了学校教育的内涵。他认为教育是将书本学习和人生体验融于一体的过程，认为“孩子们所学习的是如何生活在这个世界上，而不只是如何找到一份工作、一种职业；他们必须懂得如何明智、快乐而且成功地生活，而不违背自己内在深层的需求；当然，更不会执着于金钱和权力”。

华特士提出生命教育的时间，正好是美国死亡教育走向兴盛的时段。美国学者对死亡问题如此感兴趣的原因还得从当时的社会背景说起。第二次世界大战以后，人们开始对战争给人类带来的灾难进行反思，同时，环境污染、自然灾害、能源紧缺、粮食危机等诸多威胁人类生存的问题也备受关注。20世纪20年代开始，美国社会的自杀、他杀现象尤其是青少年的自杀现象日益严重，且呈低龄化发展趋势；吸毒、堕胎等问题日益突出；艾滋病、癌症等病的患者及其家属的心理问题越发普遍。因此，北京师范大学教授肖川认为“生命教育”一词是在美国20世纪60年代前后作为应对社会上的吸毒、自杀、他杀等危害生命的现象的对策而出现的，起初是以死亡教育的形式呈现。可见，生命教育是在美国社会出现的种种负面现象的现实背景下，在死亡教育不断拓展和深入的基础上出现的。

教育与生命的统一性是生命教育的关键，从教育本身来讲，其发展的起点无疑是生命的开始。因此，必须结合生命发展的特征来进行教育，生命教育包括整体性特征和阶段性特征。

生命是教育活动的基础，进行教育活动的前提无疑是生命的存在，生命是教育活动的出发点，每个时期的教育活动都要根据这个时期的生命发展规律来进行。例如，一个婴儿出生后，会经历感觉运动阶段、知觉和知觉动作统合阶段、语言文字符号运用阶段。其语言发展又可分为：声音发展阶段、被动语言交际阶段、特殊语言交际阶段、目标口语发展阶段、成熟阶段。每个阶段教育活动的进行都要符合受教育者的身心发展规律和特点。

扬·阿姆斯·夸美纽斯认为：“教导的严谨秩序应当以自然为借鉴，并且必须是不受任何阻碍的。”如果违背了这一规律，就会对教育产生严重的不良影响。例如，在中世纪的欧洲，人们更多地强调生命和教育的对立性，关注人的天赋秉性和后天教育中一些相对立的部分，当时人们认为儿童的天性是不好的，其原因可能是儿童自身不受拘束、行为不稳定、情绪化、好奇爱动等。这些本来就是儿童的天性，如今看来是很正常的事情，但是在当时这样的儿童多数要被鞭笞，当时的教育思想认为人的天性与后天的教育是完全对立的，要以强势的教育手段迫使儿童改变天生的“恶性”。这种简单粗鲁的方式称不上教育，其教育思想中的“完全对立”也是错误的。完全用教育手段去塑造一个人，去改变一个人的天性，进而认为教育的力量可以按其要求去任意重塑一个人，这是一种教育过度行为。这种模式下培养的人往往不能全面发展，其本性中的创造性和热情也会被扼杀。处于青年阶段的大学生，身体发育接近成熟，体能、精力、注意力、逻辑思维能力较强，同时情绪上存在不稳定性，对外界充满了好奇，想要接触外界生活但又缺乏足够的判断力。这些特点正是大学生身心发展的特点，也是开展生命教育工作的内在依据。生命是具有独特性的，因为每个人都是一个独立的个体，有自己的成长环境、天性禀赋、性格脾气。因此，教育也要表现出其针对性、多样性，根据不同的人采取不同的教育方案，从而实现因材施教。只有遵从受教育者的身心发展规律，教育活动才能顺利进行，达到预期的效果。

教育是一种以丰富生命、发展生命、完善生命为使命，以个体生命实现自我价值和社会价值并能获得幸福人生为目的的伟大事业。教育的终极意义并不在于穷尽真理，而在于逼近现实的存在，回归自身。教育是“生命的运动”“心智的体操”，以人自身为目的，教育才能走出形而上学，获得单纯的高贵。教育的作用并不是立竿见影的，而是耳濡目染的，在个体自然成长的过程中，教育会一点一滴地塑造其人生观、世界观、价值观。教学的过程经常是文化知识的传递过程，但是教育与文化知识传递是有区别的。心理学中的人本主义流派在 21 世纪快速发展，如今已被广泛认同。人本主义流派关注人的个性、尊严、潜能、价值，集中研究人的自我成长和发展，强调人自身潜能的激发。其代表人物亚伯拉罕·马斯洛提出了需求层次理论。第一层需要：生理需要，如呼吸、水、食物、睡眠、生理平衡等；第二层需要：安全需要，如人身安全、健康保障、家庭安全、财产安全等；第三层需要：情感和归属的需要，如友情、爱情、亲情等；第四层需要：尊重的需要，如自我尊重、信心、被他人尊重等；第五层需要：自我实现的需要，如理想的实现、个人能力最大化、个人潜能得到最大程度的激发等。人们在一个层次的需求得到满足后，就会进入下一层次的需求。而实现需求转换的重要途径就是接受教育。教育的主要目的和价值就是教导个体，使其直面生命，探索本质，回归生命，实现个体生命的完善。这些是教育的本义和最终追求。随着一个人的成长和发展，他的需求层次也会逐步提高，直至达到最高一层的需求，即自我实现，从而丰富和完善自己的人生，实现自己的梦想和抱负等。同时，教育可以让生命具有超越性，这是由于人具有主观能动性，一个人可以不断地超越原来的自己，不断达到新的高度。

我国传统文化有关于生命教育的一些思想，例如，儒家思想关注的是人本身，从人性、天命的角度去诠释生命思想，强调人的品德修养，如“仁义礼智信”“克己复礼”“内圣外王”等。“物格而后知至，知至而后意诚，意诚而后心正，心正而后身修，身修而后家齐，家齐而后国治，国治而后天下平”，这是儒家思想从人生命的完善过程这个角度进行的阐释，提倡按照格物、致知、诚意、正心、修身、齐家、治国、平天下的顺序完善生命。道家思想的理论核心是“道”，认为道是世间万物的起点，“道生一，一生二，二生三，三生万物。万物负阴而抱阳，冲气以为和”，道家提出“道法自然”“无为而治”。道家认为生死是自然规律，是“道”的运行，“知人者智，自知者明，胜人者有力，自胜者强。知足者富，强行者有志。不失其所者久，死而不亡者寿”，道家认为肉体的消失并不是生命的彻底消失，人的精神与思想依然会影响这个世界，提倡人们追求精神世界的价值与意义。

第二节　国内外的生命教育

一、生命教育在部分西方国家的发展概况

生命教育在美国起源并向世界其他国家和地区辐射发展的过程，是一个借鉴、转换和继承、创新的过程。在美国，生命教育最突出的特点就是与“死亡教育”融为一体。赫蒙·费弗尔发表《死亡的意义》一书之后，1963 年罗伯特·富尔顿在明尼苏达州开设了大学第一门正规的死亡教育课程；1970 年，第一次死亡教育研讨会在明尼苏达州的哈姆林大学举行；1976 年美国成立了死亡教育与咨商协会，还进行“死亡教育师”和“悲伤咨商师”认证。从实践来看，美国的生命教育方式灵活，如通过互联网及电子传媒推动，还有专门训练青少年生活技能的机构。20 世纪 90 年代，美国的中小学生命教育

已基本普及。目前，美国的生命教育大致分为人格教育、迎接生命挑战的教育和情绪教育三类，对于青少年提出的死亡问题，家长会直截了当地回答。青少年还会在家长或老师的带领下，到郊外专门为绝症患者提供善终服务的宁养院，把花瓣轻轻地撒向临终者的床榻，微笑着目送其告别人世。

日本的生命教育可以追溯到1964年出版的由谷口雅春编写的《生命的实相》一书。1989年，日本明确提出以尊重人的精神和对敬畏生命之观念来定位道德教育的目标。日本教育界还提出“余裕教育”理念，试图将学生从应试教育中彻底解放出来，以寓教于乐的方式恢复学生天真烂漫的本性，让他们学会如何做人。“余裕教育”的口号是“热爱生命，选择坚强”，旨在让青少年认识到生命的美好和重要，使其能面对并承受挫折，从而更加热爱生命、珍惜生命。日本教育界认为，热爱生命的主要内容之一，是要求人与自然和谐相处，并热爱其他生命。为此，“余裕教育”鼓励学生经常到牧场体验生活，甚至建议把中小学体验农村生活变为“必修课”。

澳大利亚的生命教育主要缘起于反毒品。1974年，针对当时时有青少年吸毒并致死这一社会问题，牧师特德·诺夫斯正式提出“生命教育”的概念，并于1979年在悉尼成立了“生命教育中心”，协助学校进行反毒品教育。该中心后来发展成一个国际性机构，成为联合国的“非政府组织”(Non-Governmental Organizations，NGO)中的一员。该中心认为，对青少年开展“生命教育”，培养他们积极、健康、向上的人生观，创设健康的生活环境，是防患于未然之道。如今，澳大利亚中小学普遍设有生命教育中心，且有详细的生命教育目标。

新西兰的生命教育也是从非政府组织开始的。1988年，新西兰成立非营利性机构“生命教育(计划)”，次年得到时任总理戴维·朗伊的认可，并在全国范围内推广。该机构致力于“教会学生认识世界、个人与其他人的奇妙之处，指引他们充分认识和发挥自己的潜能”。经过多年的教育实践，该机构已经探索出一套较为成熟的课程模式，涵盖五个方面：自尊、社会交往、人体构造、食物及其营养、物质认识。新西兰还有专门的生命教育基金会，服务对象是5～12岁的学生，课程包括校内的功课和家庭作业，重点是教会学生如何“照顾身体”。

英国的生命教育直接源自澳大利亚。1986年，威尔士王子访问澳大利亚之后，在英联邦14个地方都建立了沿袭澳大利亚生命教育中心的慈善性机构。英国的生命教育是一种全人培养与全人关怀的教育，以学生灵性、道德、社会和文化的发展为目标。它和公民教育虽然名称有异，但在教育的理念、内涵、外延和追求的目标等许多方面一致，是围绕并伴随公民教育一起产生和发展起来的。其至今大致经历了三个阶段，即萌芽阶段、跨领域课程阶段和正式课程阶段。

德国对生命教育的理解是“死亡的准备教育”和“善良教育”。“死亡的准备教育”重在引导人们以坦然、明智的态度面对死亡；“善良教育”重视对学生善良品质的培养，主要内容有“爱护动物”“同情弱者”“宽容待人”和“唾弃暴力”。在实现途径上，德国的生命教育以课堂教学为主渠道，通过学科渗透的方式，辅之以社会实践活动，在不同学科和不同形式的教学中体现。

瑞典的生命教育已有百余年历史。1900年，瑞典著名女教育家爱伦·凯出版了《儿童的世纪》一书，弘扬以儿童幸福为本位的教育观念。这与现代生命教育是吻合的。瑞典的生命教育向来以态度开明著称。在很小的时候，老师就会让学生摸着孕妇的肚子，然后给他们讲人是怎么来的，还会让他们到太平间与遗体告别，同时告知一个人的死亡对自己、对亲人来说意味着什么。

俄罗斯的生命教育是与安全教育紧密联系在一起的，其特点主要体现在政府重视、法律保障、目标明确、内容丰富、形式多样、理论联系实际、各方有效合作等方面。1991年，俄罗斯教育部颁发了《253号决议》，规定自1991年9月1日起在普通教育机构部分年级开设生命安全基础知识课程；1994年，俄罗斯教育部建议在普通教育机构1～11年级全部开设生命安全基础知识课程；2003年，新修订的《普通教育国家教育标准》把生命安全基础知识课程列为必修课程。

二、生命教育在我国的发展进程

自20世纪90年代开始，生命教育逐渐成为我国教育界、哲学界和社会学界共同关注的热点议题，生命教育在我国大致经历了三个发展阶段。

1. 教育忧思与本土探索：1993—2003年

基于对教育问题的忧虑和反思，我国教育学家叶澜于20世纪90年代开始关注"生命"及其与教育的内在关系并进行解读，主张"从更高的层次——生命的层次，用动态生成的观念，重新全面地认识课堂教学，构建新的课堂教学观"，并发出"让课堂焕发出生命活力"的号召。黄克剑、张文质等于1993年提出"生命化教育"理念并开展实践，与国外的"生命教育"有异曲同工之妙。南京师范大学教授冯建军总结道："生命化的教育，在起点上，直面人的生命；在过程中，通过人的生命，遵循生命的本性；在结果上，润泽灵魂，追寻生命的意义和价值，提高生命的质量。直面生命是前提，循于生命是保证，完善生命是目的。"教育只有三者协调一致，才能实现其本质，才是完整的生命教育。

2. 理论热兴与实践探求：2004—2010年

自2004年始，伴随着《中共中央　国务院关于进一步加强和改进未成年人思想道德建设的若干意见》(以下简称《意见》)文件的颁布，辽宁和上海两地的教育部门首开风气之先，还有诸如中国宋庆龄基金会、"关爱生命万里行"志愿组织等社会团体的助推，生命教育在我国迎来了一个比较繁荣的发展期。这个时期一直持续到2010年，此时期是一个理论界与实践界相互支持、相互促进的"研产共荣期"。一方面，大量学术文章、教材竞相发表和出版，各类年会、论坛相继举行，争芳斗艳；另一方面，实践推广和课程开发也如火如荼地进行。虽然此时期没有直接提出"生命教育"的概念，但已蕴含相关内容，在很大程度上促进了社会对生命教育的关注。在贯彻落实《意见》的过程中，一些教育部门、学校等开始倡导并实践生命教育。

3. 国家战略与全新发展：2010年7月至今

2010年7月29日，中共中央、国务院印发了《国家中长期教育改革和发展规划纲要(2010—2020年)》(以下简称《纲要》)。《纲要》的第一部分"总体战略"中第二章"战略目标和战略主题"明确指出："重视安全教育、生命教育、国防教育、可持续发展教育。促进德育、智育、体育、美育有机融合，提高学生综合素质，使学生成为德智体美全面发展的社会主义建设者和接班人。"这标志着生命教育在我国正式上升为国家教育发展战略。值得一提的是，《纲要》把"生命教育"与"安全教育"并列在一起，说明生命教育并非包含在安全教育之内，可纠正一些人把生命教育等同于安全教育的认识。2010年8月，中国人生科学学会全国生命教育工作委员会与中国宋庆龄基金会联合举办了"全国生命教育论坛"，大力推动全国生命教育领域的交流与合作。2011年11月，由中国人生科学学会全国生命教育工作委员会主办、云南省教育厅承办的"2011全国生命教育大会"在云南省昆明市召开。2012年8月，首届国际生命发展论坛暨全球志工领袖峰会在香港特别行政区召开。峰会宣布成立世界生命主题组织，致力于对现代人心理和社会的支持，提升人类的生命质量和幸福感，并倡导面向世界、走向世界的中国价值观。2013年12月，在第九届中华青少年生命教育论坛的开幕式上，主办方正式宣布中国陶行知研究会生命教育专业委员会成立。

第三节 生命教育的内容

一、了解生命教育

了解生命教育，就是要了解生命常识、生命科学、生命哲学，认识到什么是人、什么是人性，解决“人为什么活着”“如何活着”等问题。我们应通过生命教育认识自己，尤其是认清自己的优势，看到自己与别人的差异，给自己的生命价值一个科学的界定，找到属于自己的人生理想、人生目的、人生价值、人生态度。

此外，在生命教育中，学生还能了解到生物科学、生理科学、教育学、伦理学、心理学、社会学等方面的知识，了解生命的诞生、成长、衰老、死亡等过程，使学生在理解生命的必然性、偶然性和不可逆性的基础上树立正确的生命价值观，爱惜生命、呵护生命，自觉、及时地赋予自己的每一时刻以生命价值。

每一个生命的产生都需要苛刻的条件、复杂的过程。生命在大自然中孕育而生，是极其脆弱的。每一个生命的诞生都无比珍贵，每一个生命的过程也都极其有限，不同的生命又相互依存。在这个越来越多的物种濒临灭绝的时代，我们更应该认识到生命的弥足珍贵。

二、生命教育的具体内容

（一）敬畏生命

敬畏是一种生活态度，是在面对权威、崇高或庄严的事物时所产生的情绪，带有恐惧、尊敬及惊奇的感受，它是对一切神圣事物的态度。毋庸置疑，生命是大自然中最为神秘、美好、伟大之物，所以，应对其持有敬畏之心。显而易见，这种敬畏感不是迷信，而是一种值得培养的高尚的社会情感。教育是否能够对个体的精神成长负责，是否能够对其成长发挥促进作用，本质上取决于教育者是否敬畏生命，是否能在任何时候、任何地点都不以自己的好恶、个体的差异而否认生命存在的价值。

（二）尊重生命

尊重生命也是一种情感，世界上最可贵、最有价值的就是生命。正因为生命最可贵、最有价值，所以更应当尊重它。一个人不仅要尊重自己的生命，而且还要尊重他人的，乃至一切动物和植物的生命。自古以来，我们就有“尊生”“重己”的传统，如《吕氏春秋》就有《贵生》和《本生》两个专篇，讨论对生命的态度问题，前者说要以生命为贵、尊重生命，后者则讲生命最为可贵，要重视自己的生命。因此，我们应当继承这一传统，把尊重生命列为生命教育的重要内容。尊重生命就是要把自己当作独一无二的生命个体来看待，看到自己身上独有的生命光辉，并努力去实现自己的人生价值。

（三）热爱生命

在敬畏与尊重生命的基础上，还要进一步热爱生命。热爱是一种稳定、浓郁的情感，它只会加深、加固，而不会淡薄、消退。对生命的热爱更是如此，每个人既要热爱自己的生命，也要热爱他人的生命。而且，只有热爱自己生命的人，才懂得热爱他人的生命；也只有热爱他人生命的人，才能真正地热爱自己的生命。生命的真正价值体现在相互的热爱之中：充分理解和把握自我生命的人，才能对他人的生命负责；同时，在热爱他人生命的过程中，自己的生命也能获得真正的提升。

自古以来，我国就存在热爱生命的理念，从孔子的“仁者爱人”、韩愈的“博爱之谓仁”，到现代教育家陶行知的“爱满天下”，都体现了这一点。因此，我们要传承热爱生命这一理念，理解热爱生命的内涵与意义，保持对自己生命和对他人生命的热爱之心。

(四)呵护生命

在敬畏生命、尊重生命、热爱生命的基础上，还要进一步对生命加以呵护，前三者是后者的前提，后者是前三者的落实，即只有真正敬畏、尊重和热爱生命的人，才会自觉地呵护生命；同样，也只有呵护生命的人，才会真正敬畏、尊重和热爱生命。我们之所以要呵护生命，是因为生命是不可逆转、不可重来的，又是不可替代、不可创造的，所以每一个人都要保护好自己的生命，保护好他人的生命，保护好大千世界的一切生命。我们在成长过程中会有各种成长体验，有些是积极的辅助，有些是成长的偏差，有些甚至是灾难性的障碍，但无论如何，都应该珍视生命、呵护生命。

总体而言，作为生命教育的几项内容是相对独立的，它们既有联系又有差异，先要敬畏生命、尊重生命，才会热爱生命；有了对生命的热爱，才会产生呵护生命的意志。

拓展阅读

面向青少年开展生命教育，有以下几点意义：

(1)开展生命教育是提升国民素质的基本要求。学生是社会主义事业未来的建设者和接班人，学生的生命质量决定着国家和民族的前途与命运。大力开展生命教育，有利于提高广大学生的生存技能和生命质量；有利于激发他们树立为祖国的繁荣富强而努力学习、奋发成才的志向；有利于培养他们勇敢、自信、坚强的品格；有利于提高广大学生的国际竞争意识，增强他们在国际化开放性环境中的应对能力。

(2)开展生命教育是社会环境发展变化的迫切要求。校园伤害、意外事故等威胁学生人身安全的各种因素，也在一定程度上影响了学生的身心健康。因此，迫切需要培养学生形成科学的生命观，进而为学生树立正确的世界观、人生观和价值观奠定基础。

(3)开展生命教育是促进学生身心健康成长的必要条件。长期以来，由于生理发展过程中出现的困惑常常得不到及时指导，对无法预料且时有发生的隐性伤害往往难以应对，一些学生产生心理脆弱、思想困惑、行为失控等问题。因此，需要积极引导学生科学认识生理、心理发展的规律，使学生正确认识生命现象和生命的意义。

(4)开展生命教育是现代学校教育发展的必然要求。必须加快学校教育的改革，从生理、心理和伦理等方面对学生进行全面、系统、科学的生命教育，引导学生善待生命，帮助学生完善人格、健康成长。

案例分析

一场特殊的生命教育活动

2022 年 9 月 29 日，一场主题为“绽放生命　星火光荣”的生命教育活动在合肥市殡仪馆举行，来自安徽大学的 40 余名师生在此上了一堂特殊课。

活动在一场模拟追思会中拉开帷幕。追思会以战士“李星”(化名)为原型，向师生们讲述了他在危急时刻为解救落水儿童献出生命的壮举，歌颂了人民解放军不怕牺牲、一心为民的宝贵精神。尽管是一场模拟的追思会，不少学生还是禁不住流下了感动的泪水。

追思会结束后是互动讨论环节。主持人以“如果生命只剩下一年的时光，你会作出怎样的选择?”为题，引导大家写下对生命价值的思考。接着，在主持人的引导下，学生们分别写下了各自的“遗愿清单”，并现场分享彼此的感悟，发表对生命价值和人生意义的见解和感悟。

什么是生命教育? 2012 年 5 月，中国就业培训技术指导中心推出了职业培训课程“生命教育导师”，该课程指出：生命教育即直面生命和人的生死问题的教育，其目标在于帮助人们更好地活着。通俗地说，生命教育就是关于“为什么要活着? 怎么才能活得更好? 怎么才能活得有意义?”的教育，并在此基础上自下而上实现每个人与自我的整合、与他人的和睦、与社会的和谐。

“非常感谢市殡葬处为我们带来的这堂生命教育课。”安徽大学孟星星老师表示，开展生命教育，是为了帮助学生认识生命、珍惜生命，努力活出有意义、有价值的人生，这也是一切教育的前提和最终目的。“未来，希望能够在科普教育、实践教育等方面进一步加强双方合作，共同推动教育事业的发展。”

此次活动旨在通过沉浸式体验以及榜样人物案例，引领学生以积极健康的心态去应对生命中的挫折、困难与危机，从自然生命之长、社会生命之宽、精神生命之高等层面，构筑属于自己的生命价值。

(资料来源：合肥民政微信公众号，2022 年 9 月 30 日，有改动)

知识回顾

本章主要介绍了生命教育的提出及实践扩展；讲述了生命教育的社会根源并提出了生命教育的概念；介绍了美国、日本、澳大利亚、新西兰、英国、德国等国家的生命教育发展历程；然后详细讲述了生命教育在国内的三个发展阶段；最后提出了生命教育的内容。

想一想

1. 目前学界普遍认为生命教育最早由谁提出？简要概括其思想。
2. 生命教育在国内的发展分为哪几个阶段？
3. 简述生命教育的内容。

第三章 生命的价值与责任

本章导读

生命的意义是关于生命价值与责任的积极思考。

用了13年时间完成《史记》的司马迁，“上下求索”的屈原，用生命保卫长江大堤的抗洪战士……他们都在理解生命的价值、追求生命之美的过程中，让自己的生命境界得到升华。

我们应当好好珍惜生命、善待生命，同时让自己的生命发挥出应有的价值。

学习目标

◎ 理解生命的价值。

◎ 了解生命的责任。

情境导入

《假如给我三天光明》是由美国盲聋女作家、教育家海伦·凯勒写的一部自传小说。在书中，海伦·凯勒从一个身残志坚的柔弱女子的视角，描述了自己富有传奇色彩的一生。读了她的人生经历，身体健全的我们应更加珍惜生命，在生活的道路上奋力拼搏。

第一节 生命的价值

每个人在一生中都要思考“为什么活着”这个问题，这就是人对于生命意义发自内心的追问，是人对生命价值的一种探索。

一、生命的存在价值

在人生价值中，最首要的价值是生命本身，因为没有生命，其余的价值就无所依附。生命是人之根本，人的生命是人们创造价值、实现自身价值的前提，而人的其他价值归根到底是生命存在价值的具体表现。

每个人的存在都是平等的，正如马克思所言，“一个人就其自身存在来说，他的价值不比别人大也不比别人小”。不能因个人的性别、年龄、种族、自身状况、受教育的程度等方面的差异就把生命分为三六九等。生命是人之根本，维持生命的存在是每个人最自然、不可剥夺的权利。因此，个人的存在价值理应受到他人及社会的承认、尊重和维护。

二、生命的生活价值

从生命的社会属性来看，人的生命具有生活价值。一方面，从个人生命的生活价值来看，在生命延续的过程中，个人只有在与他人的社会交往中不断地充实自我、完善自我、更新自我，才能学会享受生活、创造生活；另一方面，从社会的角度来看，个人生命的生活价值指向社会、指向群体。为社会、为人民、为集体而生活，通过人的社会性创造活动，促进社会的发展，改善人民的生活，就成为生命的生活价值。生命的生活价值是基于生命生存价值之上的创造价值。个体的生活价值源于生命的创造性，要求每个社会成员在有限的生命过程中发挥最大的能量和潜力，尽可能多地为社会、为人民创造价值，从而实现个人的生活价值，使自己的人生更加有意义。

三、生命的超越价值

从生命的精神属性来看，人的生命具有超越价值。人的生命是有限和无限的结合，也是肉体和精神的统一。由于生命的有限，人才追求精神、信仰的无限。生命的超越价值主要侧重于个人精神层面的追求，主要表现为个人对人生意义和生命价值的思索和追寻，即追求一个有理想、有信念、有道德修养的精神境界。另外，人是社会中的人，不能脱离社会而单独存在，人通过关爱他人、关心家庭，对他人、对集体负责，为社会作出应有的贡献来体现自己的生命价值，从而实现超越的需要。生命的本能是爱自己的生命，但同时人是有感情的，具有共情的本性，能够推己及人，“老吾老以及人之老，幼吾幼以及人之幼”。生命超越性的本质在于生命理念的升华及生命本质的超越。他人的生命与自己的生命同样重要，因此，我们必须善待一切生命，实现生命的升华和超越。

四、生命价值的具体表现

生命价值本泛指包括人在内的所有生命体的价值，这里主要讨论人的生命价值。通常而言，人的生命价值可以表述为：人在自己的生活实践中建立起来的客体属性对主体需要的一种肯定性关系，即客体满足主体需要的关系。人的生命价值，包含个人对自身、个人对他人、个人对社会、个人对自然的多重关系。

首先，人的生命价值表现为人的生命对自身需要的肯定关系。人具有自我意识，其在自己的实践活动中，把自身对象化，从而在自身内部构成一种主客体关系，即构成一种“主体我”和“客体我”的关系。在这里，“主体我”有自己的需要、愿望与目的，而满足这些需要、愿望与目的的对象是作为客体存在的“我”。在这种关系中，“客体我”并不能自然地满足“主体我”的需要、达成“主体我”的愿望、实现“主体我”的目的，如人们常说的“心有余而力不足”就是这种状况的典型表现。

其次，人的生命价值表现为人在自己的实践活动中建立起来的“我”与“他”的互为主客体的价值关系。人的社会属性表明，任何个人的存在都需要以他人的存在为前提，因此，人的生命价值包含自己对他人的价值和他人对自己的价值两个方面。

再次，人既是个体存在，又是社会存在。作为个体存在，人有自己独特的需求，然而任何个体的独特需求又只有在社会中才能得到满足和实现。因此，如果说人的个体性需求具有正当合理性，社会应当给人提供满足其个体性需求的条件的话，那么，因为这些需求的实现和满足又离不开社会，所以，人必须为社会尽责任和义务，以维持社会的正常运转，促进社会的发展。在这个意义上，人在自己的实践活动中，建构了人与社会的互为主客体的价值关系，即社会对人的需求的满足关系和人对社会需求的满足关系。

最后，人是自然存在。自然是人类满足自身需要的对象，这是自然对人的价值。同时，自然作为人生存的家园，其存在状况的好坏，直接决定了人的生存环境的优劣。因此，在上述三重价值关系的基础上，任何个人或某一历史发展阶段上的人类整体，都有既为自己也为他人善待自然的职责和义务。这构成人与自然之间的主客体价值关系。

五、生命价值观

生命价值观为人们当下和未来的生命价值活动提供了引导和方向，使人们在生命价值判断和生命价值的实践中有一个准则和依据，整个社会的秩序和稳定也正是借助这种价值观来维系的。从性质上分析，生命价值观是一套系统化、整体化的生命价值态度和意识；从特征上解读，它既有价值观的一般特征，又因生命主体的加入而独具一格；从关系上看，它是丰富多元的，既包括人对自身生命价值的培养、判定和反思，又包括人与他人及整个社会整体的价值关系界定，同时还把自然万物的各种生命形态囊括其中。

从哲学的角度看，生命价值观是指人们关于什么是生命价值、怎样评判生命价值、如何创造生命价值等问题的根本看法。也就是说，生命价值观是“人们认识和处理生命价值问题所持有的根本观念”。这种观念既凝结着以往生命价值的实践经验与感受，又反映着人们对当下生命价值问题的根本立场、观点、态度和看法，它表现为关于生命价值的信念、信仰和理想等。因此，生命价值观影响着人们的生命价值选择和生命价值的实践创造。

第二节 生命的责任

生命的责任，就是尊重生命、关爱生命，并提升所有生命价值的一种自觉的责任意识。这种自觉意识，不单是对自我生命、他人生命的自觉责任意识，还包括对所有有生命的个体的存在的自觉责任意识。大学生作为社会的一个特殊群体，必须承担一定的生命责任，而且，大学生的心智已比较成熟，有一定的能力去开阔眼界，去关注社会，去体味生命的真谛。具体而言，大学生的生命责任主要表现为对自我、对家庭、对他人、对社会、对国家和民族的责任。

一、对自我的责任

人对自我负责，即对自己的人生历程负责。其基本的要求就是珍惜生命并追求有价值的生命，具体来说，可概括为“自爱、自尊、自律、自强”。自爱，即爱惜自己的身体、人格和名誉，这是自我责任的基础。自尊，是与自爱紧密联系在一起的一种自我肯定的态度，表现为承认和重视自我在社会中的存在价值、喜欢和热爱自我的情绪以及接受自我的意向。自律，表现为自觉地按照“应当如何”的要求对自己的行为进行约束，体现了一种深刻的理性精神。要真正做到自爱、自尊，就必须能够并且善于选择自己的行为，自觉地约束和控制自己的行为。只有做到自律，才能成为一个有教养的、高尚的人。自强，是自爱、自尊、自律的升华。它既是人对自己的能力和行为所产生的信任和感情，也蕴涵着一种不满足于现状、不断向上的奋进精神，是个体对自己提出的内在要求。正是因为有了这种积极奋进的精神，才使得自我责任处于一种自觉的、积极的状态中。因此，在履行自我责任的过程中，自强不仅包含了深刻的自我批判精神，而且也为履行实现自我责任提出了新的目标，并要求个体为此作出不懈的努力和奋斗。

二、对家庭的责任

古罗马政治家、哲学家马尔库斯·图利乌斯·西塞罗认为，家庭是情感之国，是公民政府的基础，家庭包含了一种在其他任何地方都难以找到的幸福因素。如果要把责任分出主次的话，西塞罗在《论责任》一书中指出，“首先是国家和父母，为他们服务乃是我们所负有的最重大的责任。其次是儿女和家人，他们只能指望我们来抚养，他们不可能得到其他人的保护。最后是亲戚，在日常生活中他们往往能与我们和睦相处，而且其中绝大多数人都能与我们同舟共济”。如果一个人对自己的家庭都不负责，怎能相信他会对整个社会和国家负责?

我国传统儒学对“孝”“悌”“慈”“敬”“恭”等家庭道德规范作出深刻的阐述，我国的道德形成是以家庭为起点的。虽然在现代社会中古老的传统被赋予了新的含义，但其中的思想核心并没有改变。结合我国传统的伦理道德进行归属教育，培养学生孝敬父母、尊敬长辈的基本人伦意识，是目前值得注意的一个基本问题。现代家庭模式使一些学生越来越习惯被关心、被重视，自我意识膨胀，却易忽略应有的感恩和关爱。这种责任与权利的失衡必然会随着学生的成长而扩展到更加广泛的社会生活领域中。家庭在一定意义上是各种社会问题的起点，家庭责任教育也应成为培养学生社会责任感的一项重要内容。

三、对他人的责任

这里的“他人”是指除个人和家庭成员之外的个体。个人能够在社会中生存，是因为有他人的存在。人与人的相互依赖性，决定了人与人之间必须相互承担责任。每个人的生存都依赖于他人对其负责，是他人对其负责的结果；同样，个人的发展必须依赖他人的帮助，个人的成长与进步也是他人对其负责的结果。因此，任何人都有责任帮助他人发展。

对他人的责任在道德层面的具体要求主要包括：个人应具有热爱他人的情感、尊重他人的品格、理解他人的能力、乐于助人的精神；应养成尊重他人、热爱他人、帮助他人的心向，养成自觉履行诺言的习惯；学会明辨是非，学会正确处理与他人的关系，对自己所接触的人负责，使自己在外部环境和人际关系中既达到外在和谐，又达到身体、智力、情绪的内在和谐。

四、对社会的责任

在现代社会，任何人都不可能游离于社会生活体系之外，合群性是人天生具有的一种社会本能。个人一旦进入人类共同生活和相互作用的系统之中，社会生活的共同规则与秩序强加在个人身上的那种责任感便自行启动了，个人几乎没有选择不负责任的余地，因为不可能逃脱出这一既定秩序的框架。

大学生对社会的责任首先表现为遵守社会公德。社会公德是每个公民在社会交往和公共生活中应当遵守的最起码、最简单的行为准则和道德规范。遵守社会公德，实质上是社会赋予大学生的一种道德责任。另外，在青少年时期，学生不仅从生理上和心理上走向成熟，在法律上也开始达到法定年龄阶段，由限制民事行为能力人变为完全民事行为能力人，这意味着学生将独立地行使《宪法》和法律赋予自己的权利，同时，也要履行相应的义务，并对自己的行为承担相应的法律后果。权利的行使、义务的履行、后果的承担都是责任的体现，法律责任的存在要求学生不断地增强法治观念，做到知法、守法、护法，模范遵守《宪法》和法律，坚决同违法行为作斗争。

五、对国家和民族的责任

国家的存在与发展是个体存在的前提，因此，个体应自觉以国家成员的要求规范自己的思想和行为，把个人利益与国家利益融为一体。

大学生的社会角色具有特殊性，大学生是青年之中具有较高科学文化素质的群体，是国家的希望和民族的未来，因此身负的责任重大。大学生对自身责任的认知程度将关系到我国社会主义现代化建设进程，关系到中华民族伟大复兴的中国梦的实现，关系到人类社会的进步与繁荣。这就要求大学生具有远大的政治理想，心怀天下，将自己的前途和命运与祖国和人民的利益紧密联系在一起，始终与党、人民和祖国保持高度一致。这就是当代大学生所要承担的政治责任。

对国家的责任要求大学生明确如何使个人利益服从国家利益，要求大学生培养热爱祖国的信念、情感，树立保卫祖国、维护祖国尊严的意识，且要具有为国家社稷之“大我”而克制个人之“小我”的大志之气；大学生应明确个人利益要服从民族与国家的利益，勇于参与社会改革，树立“天下兴亡，匹夫有责”的信念，而不是停留在泛泛的一般认识上。爱国主义和民族自豪感是较高层次的责任感的表现，是社会责任感的核心。要培养大学生对国家和民族的责任感，就要对国家与民族的过去、现状有比较清醒的认识。大学生要在各种活动中树立对国家、对民族的责任感，形成对国家、对民族负责的意识。

拓展阅读

从现在起，我开始谨慎地选择我的生活，我不再轻易让自己迷失在各种诱惑里。我心中已经听到来自远方的呼唤，再不需要回过头去关心身后的种种是非与议论。我已无暇顾及过去，我要向前走。

人永远都无法知道自己该要什么，因为人只能活一次，既不能拿它跟前世相比，也不能在未来加以修正。

——米兰·昆德拉《生命中不能承受之轻》

热爱生命

汪国真

我不去想，是否能够成功，
既然选择了远方，便只顾风雨兼程。
我不去想，能否赢得爱情，
既然钟情于玫瑰，就勇敢地吐露真诚。
我不去想，身后会不会袭来寒风冷雨，
既然目标是地平线，留给世界的只能是背影。
我不去想，未来是平坦还是泥泞，
只要热爱生命，一切，都在意料之中。

案例分析

我国台湾有一个叫黄美廉的女子，患有小儿麻痹症。她因为肢体失去平衡感，手足会时常乱动，口里也会经常念叨着模糊不清的词语，表现十分怪异。医生根据她的情况，判定她活不过6岁。在常人看来，她已失去了语言表达能力与正常的生活能力，更别谈什么前途与幸福。但她却坚强地活了下来，而且靠顽强的意志和毅力，考上了美国著名的加利福尼亚州立大学，并获得了艺术博士学位。她靠手中的画笔，还有良好的听力，抒发着自己的情感。在一次演讲会上，一位学生贸然地提问："黄博士，你从小就长成这个样子，请问你怎么看你自己？你有过怨恨吗？"在场的人都暗暗责怪这个学生的不敬，但黄美廉却没有半点不高兴，她十分坦然地在黑板上写下了这么几行字：

一、我好可爱；

二、我的腿很长很美；

三、爸爸妈妈那么爱我；

四、我会画画，我会写稿；

五、我有一只可爱的猫……

最后，她以一句话作结论：我只看我所有的，不看我所没有的！

黄美廉那种不向命运屈服、热爱生命的精神让人深深感动。是啊，要想使自己的人生变得有价值，就必须经受住磨难的考验；要想使自己活得快乐，就必须接受和肯定自己。

知识回顾

本章首先介绍了生命的价值，包括生命的存在价值、生活价值和超越价值，进而引出生命价值观对于人们的意义；随后阐述生命的责任，包括对自己的责任、对家庭的责任、对他人的责任、对社会的责任以及对国家和民族的责任。

想一想

1. 简述生命的价值。
2. 简述生命的责任。

思政园地★

从不幸中探寻生命

他从不曾屈服于命运，如果双腿无法在现实中行走，就让思想在笔尖上行走。他探求、叩问，一次次向灵魂深处进发，他的人生从不曾虚度，而是充实的、充满战斗精神的一生。他体验到的是生命的苦难，表达出的却是明朗和欢乐，他睿智的言辞，照亮我们幽暗的内心。他用残缺的身体，说出了最为健全而丰满的思想。且不论他在文学艺术上所作出的贡献，对于他来说，活着本身就是一种胜利！

他，就是史铁生。他告诉我们，生命是美丽的，是多姿多彩的，不论上天先前对你是否公平，是生命，总会发出耀眼的光彩。

满腔热血，却因命运弄人

1951 年 1 月 4 日，史铁生出生在北京，中学在清华附中就读，是学校里的顶尖学生，体育特别好，尤其擅长 80 米跨栏，他用外八字脚跑步，上身钟摆式打晃，跑起来像刚出斗兽场的野牛，只要有他参加的比赛，一冲就是第一名。后来兴起了知识分子“上山下乡”的浪潮，史铁生患有先天性脊椎裂，本不应到农村长期劳动，但 18 岁的史铁生怀着满腔热血和对乡下的诗意幻想，毅然加入了“上山下乡”的队列，到陕北关家庄插队。

20 岁那年，史铁生在山里放牛，遭遇了一场大雨，等雨停后回到家，史铁生发了高烧，大病一场。他以为扛一扛就过去了。结果，命运跟他开了一个巨大的玩笑，一年后，下肢彻底瘫痪，从 80 米跨栏冠军变成了一个轮椅上的人，那时的他才 21 岁。

走出痛苦，积极面对生活

史铁生因双腿瘫痪回到北京，在北京新桥街道工厂工作，后来因为病情加重回家疗养。此时的史铁生在生龙活虎、绚丽多彩的青春年华遭遇到了生命的不幸，他的脾气开始变得阴郁无比、暴怒无常。他在《秋天的怀念》中写道："双腿瘫痪后，我的脾气变得暴怒无常。望着望着天上北归的雁阵，我会突然把面前的玻璃砸碎；听着听着李谷一甜美的歌声，我会猛地把手边的东西摔向四周的墙壁。"

儿子的痛苦与绝望，史铁生的母亲都懂，她会在儿子发泄完之后，又悄悄地进来收拾东西。为了使儿子重新振作起来，史铁生的母亲到处为他寻找工作。史铁生看到母亲的表现，又自责又难过，他认识到自己不能再自暴自弃，他开始自我调节，选择重新面对生活。他说："我是残疾人，但不是废人。"后来，他在街道工厂找到了一份画画的工作，每天就摇着轮椅到街道工厂去上班，在仿古家具上画画，每月挣十几元钱贴补家用。

史铁生在业余时间也尝试着做一些小活计，慢慢地，他开始尝试写作。在写作的过程中，史铁生对人生有了更加深刻的认识，他也变得更加开朗。他在北京前永康胡同大杂院的小屋只有六七平方米，屋里除了床和写字台，剩下的空间仅够轮椅转个小弯。这么个小地方，时常有朋友去看他。

在很多人眼里，史铁生的人生堕入低谷，他应该变得沉默自闭、绝望无比。可这些朋友见到史铁生后，惊叹了，史铁生不但没有自暴自弃，反倒异常开朗，聊起天来滔滔不绝，只要好玩的事、好吃的东西，他都为之痴迷。从文学聊到体育，又从体育聊到旅游，天南海北，无所不聊。尤其爱聊吃的，聊起来就有滋有味："羊肉还是牛街的好！酱牛肉还是白纸坊的地道！"甚至连常营回民乡的李小老烧饼，他都门儿清。

生病后，史铁生胃口依然很好，尤其爱吃肉，他又正好属虎，所以朋友们都笑他，人送外号"食肉动物"。

通过写作，以文字探寻生命

在史铁生失意落寞的时候，他与地坛结缘，在地坛中的一系列思索，使他从茫然转而坦然面对生命。

史铁生在《我与地坛》中说："但是太阳，它每时每刻都是夕阳也都是旭日。当它熄灭着走下山去收尽苍凉残照之际，正是它在另一面燃烧着爬上山巅布散烈烈朝晖之时。那一天，我也将沉静着走下山去，扶着我的拐杖。有一天，在某一处山洼里，势必会跑上来一个欢蹦的孩子，抱着他的玩具。当然，那不是我。但是，那不是我吗？宇宙以其不息的欲望将一个歌舞炼为永恒。这欲望有怎样一个人间的姓名，大可忽略不计。"

在《我与地坛》中，史铁生表达了"生命"的困难与意义，这是他在漫长的艰难岁月里对生命再三再四循环反复地思考咀嚼和叩问后所得到的感悟。"人从出生的那一刻起，就已经在逐步走向死亡。"他从地坛这个特定的环境中，感悟了人的生死只是上帝或自然法则的一种安排，通过深沉的哲学思考，渗透了生命的真谛，完成了一次最艰难的思想飞跃，不再畏惧死亡，而是能坦然地迎接死亡这一现实。所以，他振作起来了，上帝为他关上了一扇门，而他却用自己的毅力和正确的态度打开了一扇窗。命运给了史铁生残缺的身体，他却让自己有了坚强不屈的灵魂。

通过作品和家庭，史铁生获得了很多正能量，但命运却再一次带给他更大的打击，史铁生的身体出现了更糟的状况，他患上了尿毒症。但此时的史铁生非常坚强，病痛的折磨也让他有了更深的感悟。在创作《病隙碎笔》之时，史铁生双肾功能已经衰竭，只能依靠血液透析存活。三天透析一次，只有第二天能强忍着痛楚与疲惫动笔。他一边与病魔斗争，一边在病痛的小小空隙中记录自己平易而精辟的思考感悟，他的《病隙碎笔》感动了无数人。

史铁生的作品之所以深刻，他作品中对生死的理解之所以动人，正因为他写出来的东西都是自己的亲身经历，那些迷惘痛苦、生死考验都曾是他鲜活的过往，这些闪光的智慧、痛苦过后的哲思都是史铁生用生命去叩问，最终为我们找到的答案。

2010 年 12 月 31 日凌晨，史铁生突发脑出血逝世，享年 59 岁。距离他 60 岁生日，仅差四天。按照史铁生生前的意愿，他身体所有能用的器官都实现了捐献。他曾说："希望器官新的主人能帮我继续看看这个美好的世界。"

作家韩少功这样评价他："史铁生是一个生命的奇迹，在漫长的轮椅生涯里至尊至强，一座文学的高峰，其想象力和思辨力一再刷新当代精神的高度，一种千万人心痛的温暖，让人们在瞬息中触摸永恒，在微粒中进入广远，在艰难和痛苦中却打心眼里宽厚地微笑。"

史铁生的一生苦难紧追不舍，抗争也经久不息，他以满腔热血去拥抱世界，从迷惘困顿走向生命探寻，他自不幸中走来，以文学创作展露生命之意，逐渐使自己以旁观者的角度，去看待生命，看待自己，活得清醒而乐观。

（资料来源：青年与文学微信公众号，2022 年 12 月 18 日，有改动）

讨论：

1. 结合材料，分析史铁生的精神品质。
2. 你读过史铁生的作品吗？有何感悟？

第二部分 毒品

第四章 认识毒品

本章导读

近代以来，毒品问题一直困扰着我国，毒品在危害人民群众健康的同时也严重影响了社会经济的发展和政治的稳定。近年来，新型毒品犯罪愈演愈烈，毒品种类不断增加，犯罪手段趋于智能化、隐蔽化和武装化，我国毒品犯罪区域也由东部沿海、西南边境扩大到整个内陆地区，社会危害性也越来越大。本章主要介绍毒品的定义、分类和特征。

学习目标

◎ 掌握毒品的定义和分类。
◎ 了解毒品的特征。

情境导入

1839 年 3 月 10 日，钦差大臣林则徐到达广东，在人民群众的支持下，严厉查禁鸦片。他一边与两广总督邓廷桢、广东水师提督关天培加紧整顿海防，逮捕烟贩；一边通知外国鸦片商贩限期将鸦片造具清册，尽数缴官。英国驻华商务监督查理·义律抗拒禁烟，唆使英商拒交鸦片。林则徐下令封仓，停止中英贸易，派兵封锁洋馆，撤退中国官员。义律没有办法，

只得命令英商缴烟。同年 4—5 月，林则徐率领官员收缴了英国、印度、美国等国商人的鸦片 237 万余斤。同年 6 月 3 日—25 日，林则徐在虎门海滩当众销毁收缴的鸦片。虎门销烟，是中国人民禁烟斗争的一次伟大胜利，也给外国侵略者以沉重的打击。

第一节　毒品的定义

对于毒品的定义，不同的人出于不同的立场和职业角度，有不同的解释。

从医学的角度来看，毒品是指出于非医疗目的而反复连续使用能够产生依赖性(成瘾性)的药品。

从生理学的角度来看，毒品是使人处于一种麻醉状态或影响中枢神经的化学物质。

从法学的角度来看，根据《中华人民共和国刑法》(以下简称《刑法》)第 357 条、《中华人民共和国禁毒法》(以下简称《禁毒法》)第 2 条的规定，毒品是指鸦片、海洛因、甲基苯丙胺(冰毒)、吗啡、大麻、可卡因以及国家规定管制的其他能够使人形成瘾癖的麻醉药品和精神药品。

在我国近年来出版的一些有关毒品问题的书刊中，有的学者给毒品下了这样的定义：毒品是以各种方式吸进人体的、最终会给人带来危害的、各种非食物的自然物品或化学合成物品。也有的学者把毒品称为“国家依法管制的能够使人形成瘾癖的麻醉药品和精神药品”。

综上所述，毒品是指鸦片、海洛因、甲基苯丙胺(冰毒)、吗啡、大麻、可卡因以及国家规定管制的其他能够使人形成瘾癖的麻醉药品和精神药品。

第二节　毒品的分类

毒品的种类很多，范围很广，分类方法也不尽相同。

从毒品的来源来看，可分为天然毒品、半合成毒品和合成毒品。天然毒品是直接从毒品原植物中提取的毒品，如鸦片、大麻、古柯等。半合成毒品是由天然毒品与化学物质合成的毒品。合成毒品是完全用有机合成的方法制造的毒品，如冰毒。

从毒品对人中枢神经的作用来看，可分为抑制剂、兴奋剂和致幻剂。抑制剂能抑制中枢神经系统，具有镇静和放松作用，如鸦片类；兴奋剂能刺激中枢神经系统，使人产生兴奋，如苯丙胺类；致幻剂能使人产生幻觉，导致自我歪曲和思维分裂，如麦司卡林等。

从毒品的自然属性来看，可分为麻醉药品和精神药品。麻醉药品是指对中枢神经有麻醉作用，连续使用易产生躯体依赖性、能形成瘾癖的药品。《麻醉药品品种目录(2013 年版)》共列入 121 种麻醉药品，在这个目录中，比较常见的麻醉药品有海洛因、吗啡、大麻、可卡因、美沙酮、二氢埃托啡、哌替啶等。精神药品是指直接作用于中枢神经系统，使之兴奋或抑制，连续使用能产生依赖性的药品。依据国家对精神药品的管制级别不同，分为第一类精神药品和第二类精神药品。《精神药品品种目录(2013 年版)》共列入 149 种精神药品，其中第一类精神药品 68 种，第二类精神药品 81 种。合成毒品，如氯胺酮(K粉)、三唑仑等属于第一类精神药品；地西泮、氯硝西泮、阿普唑仑、曲马多、咖啡因、佐匹克隆等属于第二类精神药品。

从毒品流行的时间顺序来看，可分为传统毒品和新型毒品。传统毒品一般指鸦片、海洛因等阿片类流行较早的毒品。新型毒品是相对传统毒品而言的，主要指冰毒、摇头丸等人工化学合成的致幻剂、兴奋剂类毒品。

第三节 毒品的特征

毒品具有依赖性、耐受性、危害性和非法性四个基本特征。

一、依赖性

毒品的依赖性是一种综合症状，是由于长期反复使用某种毒品，形成的毒品与机体相互作用引起的一种状态。毒品的依赖性是导致毒品滥用的主要原因。毒品的依赖性分为生理依赖性和心理依赖性两个方面。

(一)生理依赖性

生理依赖性又称身体依赖性或躯体依赖性，是毒品成瘾的病理生理学特征，是指由于长期反复使用某种物质，建立了机体内这种物质存在下的平衡，使机体处于适应状态，中断或打破这种平衡便不能维持正常生理功能，甚至会产生一系列强烈的躯体损害，产生人体生理、生化过程的异常或紊乱。生理依赖性通常表现为一种周期性或慢性中毒的状态，人一旦接触某种物质并成瘾就需要继续使用该物质或增加对该物质的用量方能维持机体的基本生理活动，否则就会产生一系列功能紊乱和损害的反应，因此也称撤药反应或戒断症状。

(二)心理依赖性

心理依赖性又称精神依赖性，是毒品成瘾的病理心理学特征，是指人多次用药后导致精神或心理上对所用药物的一种主观渴求或继续使用该药的强烈愿望，以获得心理上的满足和避免精神上的不适。人们通常所说的“心瘾”即是心理依赖性的具体表现。心理依赖性的产生有两个方面的动力：一是由以往用药所体验到的某种效果或感受，驱使用药者为不断追求这种效果或感受而产生继续使用该药的强烈欲望；二是为了逃避停药时出现的烦躁、不安等心理反应而渴望继续用药。毒品的心理依赖性十分顽固长久，对吸毒者留下的心理烙印极难消除，是吸毒者在摆脱生理依赖性后复吸的重要原因。

二、耐受性

耐受性是指不断使用同一种或同一类药物后，药用效果出现退化现象，机体对该药物的反应迟钝、变弱，必须不断增加使用剂量才能获得与以前相同的药效。正是由于药物耐受性，吸毒者大多会历经逐步增大吸毒量、缩短吸毒间隔时间及改抽吸为静脉注射等过程，直到最后走向死亡。

三、危害性

毒品对吸毒者的身体和心理，以及对社会都会产生很大的危害。

(一)毒品的生理毒性危害人的身体

中断吸毒后会引起一系列严重的戒断症状，使吸毒者感到非常痛苦，从而使其离不开毒品。另外，毒品会造成人体多个重要器官或组织受损，导致各种疾病的发生，甚至危及生命。一旦吸食过量，还会导致急性中毒，引起死亡。

(二)毒品的心理毒性损害人的精神

毒品的心理毒性源于药物的精神依赖性，这种精神依赖性不仅难以消除，而且常常使吸毒者难以自制，以致丧失人格，从事各种违法犯罪活动。

(三)毒品有极大的社会危害性

社会危害性是毒品的社会属性的表现，强调毒品的社会危害性，旨在说明毒品问题是一个社会性和全球性的问题，是关系整个人类社会的问题，必须采取综合治理和加强国际合作的方法来解决，仅仅将它视为医学问题或犯罪问题是很难根治的。

四、非法性

对人体和社会的极大危害性使毒品具备了非法性这个法律属性。

(一)毒品的非法性表现为毒品是一种受国家管制的特殊药品

经国家管制的麻醉药品和精神药品本身不是毒品，在依法管理、合理使用的情况下，它们特殊的药效能够发挥出来，成为对人类有益的药品。如果超越了法律的规定，被非法违禁使用，它们就变成了毒品。我国对于药品的管理有两类法律规定：第一类是国内现行的药品管理法规，如《中华人民共和国药品管理法》(以下简称《药品管理法》)《麻醉药品和精神药品管理条例》《易制毒化学品管理条例》等；第二类是我国加入的有关国际公约，主要是联合国 1972 年修正的《1961 年麻醉品单一公约》《1971 年精神药物公约》和 1988 年的《联合国禁止非法贩运麻醉药品和精神药物公约》，还有我国参加并签订的国际禁毒会议的决议等。

(二)毒品的非法性表现在毒品是法律明文禁止滥用的特殊药品

按照《药品管理法》，所有药品的生产、销售都要接受国家的管理和监督。受特殊管理的药品除麻醉药品和精神药品之外，还包括放射性药品、剧毒性药品等，后者不是毒品。同时，非法药品中包括假药、劣药及包装或销售违反《中华人民共和国广告法》《中华人民共和国商标法》的药品，它们显然也不是毒品。另外，由于各国的法律传统和法律制度不同，同一种麻醉药品在一个国家被视为毒品，在另一个国家也可能是合法药品。因此，判断药品是不是毒品的关键依据或决定性标准是法律的具体规定。我国有关药品管理尤其是麻醉药品和精神药品管制的法律、法规，全面、严格、具体、明确地规定了受管制的药品的种类、名称和范围，为区分药品、毒药和毒品提供了法律依据。

（三）毒品的非法性还表现在与其有关的行为是违法行为或犯罪行为

《中华人民共和国治安管理处罚法》《禁毒法》都规定，使用毒品的行为是违法行为。《刑法》规定，走私、贩卖、运输、制造毒品，非法种植毒品原植物，非法持有毒品，引诱、教唆、欺骗、强迫他人吸食、注射毒品以及非法提供毒品等行为都是犯罪行为，必须予以严惩。

拓展阅读

药品？毒品？

提到治疗感冒的常用药——新康泰克，你会将它和毒品犯罪联系起来吗？它们之间有什么不同寻常的关系呢？

原来，新康泰克胶囊（复方盐酸伪麻黄碱缓释胶囊）中含有伪麻黄碱，其脱氧之后就是冰毒——甲基苯丙胺，它的存在让新康泰克从另一个角度看很特殊，也正是这个原因，国家近年将新康泰克药品列为第一类易制毒类药品（容易制成毒品的药品）进行管控。除了新康泰克中含有伪麻黄碱，白加黑（白片和黑片）、日夜百服宁、泰诺等都含有伪麻黄碱。

麻黄碱、伪麻黄碱用于常规药，主要是因为它可以收缩血管，对鼻黏膜血管有很好的作用，还可以舒张支气管平滑肌，但同时也会让中枢神经兴奋。

新康泰克用于正常的疾病治疗，以正确的药量来服用，是可以放心使用的。在这种情形下，它既不是毒品，也不属于特殊管制药品。但由于新康泰克中含有可以制成冰毒的伪麻黄碱，近年来，不少犯罪分子以从事药品经营活动为由，实则为获取特殊药品牟取非法暴利，使药品变为毒品，造成了极大的社会危害。

由此可见，毒品与药品，往往只有一步之遥，个人不可擅自滥用处方药物，否则可能发生医源性药物依赖或造成身体伤害乃至社会危害。

案例分析

听信毒品能治胃病，国税干部成了“白粉仔”

因为听信“吸毒可以使得胃病不再发作”的谣言，杨某第一次在朋友的劝说下吸了3口海洛因。因为吸毒，杨某由一个国税干部沦为无业游民，他用自己的故事告诉所有人：别碰毒品，它会摧毁你的幸福。

杨某原本有一个幸福的家，父亲是当地政府的干部，母亲早年从事业单位退休。吸毒前，学财会专业的杨某毕业后被分配到当地国税局工作，每月都有稳定的收入，加上近几年来炒股等赚了不少钱。他拥有漂亮楼房和小汽车，还有可观的银行存款。

“我从读高中的时候就开始有胃病，经常会胃痛。我吃了些药，但效果不明显。”杨某后悔地说道，“1995年5月的一天，我在朋友家吃饭时，胃病发作，这时，朋友的朋友便称毒品可以治胃病，劝我试一下。我没有拒绝，便吸了三口”。

这是我第一次吸毒。虽然感觉很想吐，但胃痛确实缓解了。

“但我错了，我为一时止胃痛而吸毒，付出的代价实在是太大了。第一次吸毒后的第二天，我又来到了朋友家，当我看到朋友在吸食时，心里痒痒的，很想吸上一口，我想拒绝但心不听使唤，我再次吸了几口。”

有了前两次的吸毒，杨某已经染上了毒品，从此陷入万劫不复的深渊。

杨某告诉记者，1998 年 7 月的一天，自己在家里吸食毒品时，被家人发现。当时，母亲跪在杨某面前求他去戒毒。看到母亲的哀求，杨某便开始了第一次戒毒。因为害怕自己吸毒的事情被单位知道，杨某向单位请了一个长假，在家里进行自戒。

“第一次戒毒很成功，我有 3 个月没有吸，也因为自认为戒毒瘾很容易，才有了第二次复吸。1998 年年底，在街上碰到朋友后，便在一起喝酒，之后看到他们吸毒时，我也吸了，这一次，量比以前大多了，也由先前的吸食改为针头注射。”

杨某告诉记者，到 2000 年时，在短短的几年间，他将银行存款挥霍得一分不剩，小汽车也被变卖。因为吸毒，没有精力上班的他，在 2000 年 3 月向单位提出了辞职。辞职后的杨某决定戒毒，其家人为了让他换一个生活环境，主动拿出一些钱让他到海南做生意。

然而，到海南后的杨某并没有戒毒，而是将家里人筹集来的钱再次换成了毒品。2001 年 3 月，家人实在看不下去，决定将其送到戒毒所去强制戒毒，并向公安机关报警将杨某抓了起来。“‘一朝吸毒，十年戒毒，终身想毒’这句话说的一点都没错，2003 年，我从戒毒所戒毒成功后回到家里，因为工作没了，一时又找不到工作，所以家人又四处借钱给我做生意。”杨某说道，“生意忙的时候，我几乎把吸毒两字忘得一干二净，但家里人还把我当成一个没有戒毒的人看待，经常在周围观察我。因为吸毒，原本的好友、同事一个个离开了我，他们看见我就像躲瘟神一样。因为他们的不信任，我经常自暴自弃。”2003 年 10 月，杨某在闲得无聊时，主动找到几个曾经在一起吸毒的毒友玩，再次复吸。2004 年 2 月，杨某因为吸毒被抓获。

知识回顾

本章首先从不同角度介绍了毒品的定义和毒品的分类；随后讲解了毒品的四个基本特征，即依赖性、耐受性、危害性和非法性。

想一想

1. 简述毒品的分类。
2. 简述毒品的特征。

第五章 毒品的危害及防范

本章导读

人类社会发展至今，毒品已成为对人类影响极大的公害之一。认识和了解毒品及其危害也成为当代教育活动的重要一环。本章对吸食毒品的危害进行了说明，进而讲解了如何抵御毒品的危害。

学习目标

◎ 全面了解毒品的危害。
◎ 了解大学生应如何防范毒品。

情境导入

2014 年 3 月 17 日，北京警方官方微博“平安北京”发布声明称，歌手李某伙同另外 6 人，于 17 日晚在北京朝阳区三里屯某小区内吸食毒品被抓获，随后李某等人对违法行为供认不讳。按照相关法律，李某因涉嫌容留他人吸毒罪被北京市公安局朝阳分局依法刑事拘留，并被移送至看守所。5 月 9 日，朝阳区人民检察院以涉嫌容留他人吸毒罪判处李某有期徒刑 9 个月，并处罚金 2000 元。在看守所，李某讲述了自己的吸毒史。他称 2012 年年底他认识了一个同公司的朋友，在该朋友的引诱下第一次吸食毒品，并且进入了“一个特别的圈子”，这个圈子里很多人都吸食冰毒，从而导致李某也开始疯狂吸毒，后因参加歌唱节目而蹿红，一度疏远了这个圈子，但是今年春节前后因其在工作和生活上接连遭遇挫折，心情低落的他再次回到这个圈子，直到被警方抓获。

同时，李某表示，作为一个公众人物，自己并未给大家带来正能量，反而造成很坏的影响，他表示非常后悔，也意识到自己犯下了不可原谅的错误。由于沾染了毒品，李某也断送了自己的音乐前途。

第一节　毒品的危害

一、毁灭自己

不同的毒品摄入体内，都会产生各自的毒副反应及戒断症状，对机体健康形成直接而严重的损害，吸毒过量甚至会导致死亡。毒品对消化系统、呼吸系统、心血管系统、免疫系统等均会产生负面影响。滥用毒品可导致多种疾病发生，如急慢性肝炎、肺炎、败血症、心内膜炎、肾衰竭、心律失常、血栓性静脉炎、动脉炎、支气管炎、肺气肿、各种皮肤病、慢性器质性脑损害、中毒性精神病等。百年前就有诗曰“剜骨剃髓不用刀，请君夜吸相思膏”(相思膏，即鸦片)。

毒品不仅会对身体造成巨大的损害，毒品的生理依赖性与心理依赖性还会使吸毒者成为毒品的奴隶，他们生活的唯一目标就是设法获得毒品，为此失去对工作和生活的兴趣及生活能力。长期吸毒者精神萎靡，骨瘦如柴。因此，有人告诫吸毒者：“吸进去的是白色粉末，吐出来的却是自己的生命。”

二、祸及家庭

一个人一旦吸毒成瘾，就会人格丧失、道德沦落；为购买毒品耗尽正当收入后，吸毒者就会变卖家产、四处举债、六亲不认。家中只要有一个吸毒者，全家从此就会永无宁日，这个家庭的贫穷和矛盾也会接踵而来。吸毒者在自我毁灭的同时，也破坏着自己的家庭，使家庭陷入经济破产、亲属离散甚至家破人亡的境地。

(1)吸毒会使吸毒者自身发生疾病，丧失劳动力，这必然给家庭造成严重的经济负担。

(2)吸毒往往会导致家庭暴力与犯罪，破坏家庭的和睦，甚至导致家庭破裂。

(3)一些吸毒者会把毒瘾“传染”给家庭成员。大量案例表明，很多吸毒者都是从丈夫、妻子、姐妹、兄弟及其他亲属那里获得毒品，从而沾染恶习的，有的甚至出现了全家吸毒的现象。这种现象必然会导致一个家庭的彻底毁灭。

(4)父母吸毒会严重影响下一代的生理与心理健康。无论是家庭经济状况的恶化还是家庭的破裂，都必然给子女造成伤害。

三、危害社会

吸毒与犯罪如同一对孪生兄弟。吸毒者为获取毒资往往置道德、法律于不顾，从此走上违法犯罪的道路，严重危害人民生命财产安全与社会治安。吸毒者会因吸食毒品丧失正常的工作与生活能力，不仅祸及家庭，而且还会危害社会。吸毒者的各种医疗费用，缉毒、戒毒力量的投入，药物滥用防治工作的开展，这些都需要巨大的社会投入。如今，吸毒已成为社会痼疾，在全世界蔓延，人类社会因此背上了沉重的包袱。

(一)对社会生产力的巨大破坏

全球每年至少吸毒一次的人数约有 2.75 亿，约占全球 15～64 岁人口的 5.5%，每年有几十万瘾君子因吸毒丧命。全球每年毒品交易额达 8000 亿～10 000 亿美元，毒品已蔓延至五大洲的 200 多个国家和地区。毒品消耗着人类的财富，使全球每年有 1000 亿美元化为灰烬。

1. 造成社会财富的巨大损失和浪费

为了与毒品作斗争，各国政府投入了大量的资金。据联合国统计，全世界吸毒人数已超过 2.84 亿。吸毒者的数量正以每年 3%至 4%的速度增长，全球每年 50 万人因吸毒死亡，1000 万人因吸毒丧失劳动能力。据报道，吸毒者的生产事故要比常人高出 3～10 倍，由此造成的经济损失每年约有 260 亿元。同时，我国政府在挽救、治疗吸毒者、开展禁毒教育和科研、加大缉毒力度等方面都投入了大量的人力、物力和财力，影响了我国的社会进步和经济发展。

2. 影响劳动生产

吸毒者大多无意从事劳动生产，不能创造社会财富，即使还在劳动、工作，也极易发生种种意外事故。我国吸毒情况严重的西南边境地区曾出现过农田荒芜、工厂停工的情况。事实表明，凡是吸毒情况严重的地区，劳动生产力均会受到极大的影响，经济因此而急剧衰退。

3. 造成环境恶化，缩小了人类的生存空间

毒品在生产、加工过程中需要大量化学试剂，同时排放出有毒的“三废”物质，破坏了自然资源，污染了生态环境，有的已造成严重的后果。《2022 年世界毒品报告》中指出，非法种植毒品原植物可能会导致森林破碎，从而导致生态系统支持能力下降，对生物多样性产生间接的、长期的影响。

(二)扰乱社会治安

吸毒者需要大量的金钱购买毒品，面对这样高额的费用和毒品的强烈诱惑，有的吸毒者会不择手段甚至铤而走险，进行盗窃、抢劫、诈骗、贪污、卖淫甚至杀人等违法犯罪活动，给社会治安造成了严重危害。大量事实证明，吸毒已成为诱发犯罪、危害社会治安的根源之一。

1. 诱发财产犯罪

财产犯罪是指以强烈的物质占有欲为动机，以获取非法经济利益为目的，用非法手段破坏经济秩序，将公、私财物占为己有的违法犯罪行为，如盗窃、走私、抢劫、贪污、诈骗等。吸毒者往往需要大量的资金以购买毒品，因而极易出现财产犯罪的行为。

2. 引诱、教唆、欺骗他人吸毒

大部分的吸毒者都想发展新的吸毒者，因为这样就可以把自己本来已经高价买来的毒品用更高的价钱卖给新的吸毒者，用赚来的黑钱买更多的毒品。这种做法在吸毒者队伍中称为“以贩养吸”。这不仅会使更多的人陷入毒窟，还会导致引诱、教唆、欺骗他人吸毒及强迫或容留他人吸毒的犯罪现象蔓延。

3. "以淫养吸"，道德沦丧

一些吸毒者在丧失了劳动能力、耗尽家庭财产之后，仍不能控制强烈的吸毒欲望，当无钱买毒品缓解毒瘾时，他们就会无所不为，甚至走上出卖自己或他人的肉体赚取毒资的犯罪之路。

第二节　大学生对毒品的防范

随着新型毒品的泛滥，大学生已经逐渐成为容易受这类毒品侵害的高危人群。年轻人精力充沛、追求新奇，非常容易受到新型毒品的诱惑。许多大学生出于好奇或是在不知不觉的情况下开始接触毒品，毒贩们也常采用各种招数来诱惑大学生吸毒。因此，大学生需要了解相关知识，采用科学的方式防范各类毒品，追求有意义的人生目标，以健康的方式生活。

一、大学生吸食毒品的诱因

1. 无知和轻信

有调查表明，在青少年吸毒者中有80%以上的人不知道毒品的危害，受好奇心的驱使而沾染上毒品。也有些人因轻信他人而在无意中沾染上毒品。

2. 贪慕虚荣，赶时髦

错误的人生观导致许多大学生误将吸毒视为时髦、气派的行为，视为高档消费和富有的象征，最终断送了自己本来美好的前程。

3. 借助吸毒逃避现实，寻求解脱

大学生受学业、就业等压力的影响，常希望寻找到可以缓解压力的途径，部分大学生试图借助吸毒等不正当道寻求解脱，这种消极的心态，其结局只能是走向毁灭。

4. 交友不慎

许多大学生染毒是受周围不良环境的影响，大学生离开家乡、离开熟悉的环境独自求学，常需要通过交友缓解孤独感、寻找归属感、部分大学生交友心切，与不良分子结交，误入歧途。

5. 逆反心理

"你不让我干，我偏要试试"的逆反心理，不服气、不甘心、不认同的较劲心理，在大学生中普遍存在。正是这种逆反心理，促使一些大学生自己跳进了吸毒的火坑。

二、外界环境如何防范大学生吸食毒品

(一)学校禁毒教育

(1)学校应加强对大学生的禁毒教育工作，通过各种教育渠道与教育方式，使广大大学生充分认识到毒品的特点和危害，提高自我保护意识和防范能力。

(2)学校应聘请专门的老师为大学生讲解有关正确对待青春期、提高自尊心、调节情绪、面对压力、对待挫折等的心理健康知识，教育大学生不借毒解闷、消愁。

(3)针对歌舞厅等娱乐场所是新型毒品传播高危地点的事实，学校要教育大学生拒绝进入歌舞厅等娱乐场所，远离吸毒人群，自觉抵御新型毒品的诱惑。

(4)学校和教师积极组织和鼓励大学生参与禁毒活动，如开展“不让毒品进校园”“禁毒志愿者行动”等活动。

(二)家庭教育

(1)家长要经常耐心听取大学生的意见，和大学生交朋友，培养大学生健康良好的生活习惯，引导大学生健康成长。

(2)家长要了解新型毒品的危害和禁毒知识，引导大学生拒绝毒品。

(3)家长要以身作则，在大学生面前做拒绝毒品的榜样。

(4)大学生独自在校生活学习，因此家长应不断强调治安复杂场所的危险性，让大学生远离治安环境复杂的场所。

(5)家长要教育大学生谨慎交友，不随便接受陌生人的礼物。

(6)家长发现大学生在性格和行为方面有异常表现时，应引起警惕，及时与高校辅导员沟通。

三、大学生自身如何防范毒品

(一)保持心理防线，切记不要盲从

大学生由于社会阅历浅、辨别是非能力较差，特别喜欢推崇和盲从同龄人的行为。但是，无论在什么情况下，大学生都不应产生尝试毒品的念头，应永远同毒品保持距离，特别是在陌生人、熟人或者亲朋好友的吹嘘下，甚至在无偿提供毒品的情况下，更要提高警惕、抵御诱惑、不中圈套，同时将这些人的行为及时报告家长、学校和公安机关。

(二)培养不吸烟的良好习惯，杜绝不良嗜好

那些从很小年纪就开始吸烟的人，最容易因好奇而染上毒瘾。对于缺乏鉴别能力的大学生来说，从吸烟到吸毒往往只有一步之遥，曾有戒毒专家警告说：“吸烟者是吸毒者的预备军。”因此，预防吸毒也要从不吸烟开始，大学生要自觉养成不吸烟的良好习惯。

(三)慎重交友，杜绝攀比和赶时髦

“近朱者赤，近墨者黑。”许多吸毒的大学生都是基于从众心理或迫于伙伴的压力而染上毒瘾的。因此，家长、教师就有义务对子女、大学生进行交友指导，大学生自身也应自觉地选择那些有理想、有道德、爱学习、讲文明、守纪律的人作为自己的伙伴和朋友。同时，还要克服攀比和赶时髦心理，不能因为“面子”而沾染毒品。

(四)正确面对挫折

大学生要懂得人生道路不是一帆风顺的，都会经历挫折和失败。在挫折和失败面前，应做生活的

强者，以理性、健康、积极的态度面对挫折，从失败中吸取教训，总结经验，开启新征程。

拓展阅读

辨识毒品

1. 识别冰毒和“摇头丸”

冰毒，即甲基苯丙胺，纯白结晶体、晶莹剔透，易溶于水，略带苦味，外观似冰，故被吸毒者、贩毒者称为“冰”。冰毒的包装多种多样，包括小的自封袋、邮票袋或白纸包装等。

“摇头丸”，俗称“迷魂药”，一般以3，4-亚甲二氧基甲基苯丙胺(MDMA)、3，4-亚甲二氧基苯丙胺(MDA)为主要有效成分，是冰毒的衍生物，有强烈的兴奋和致幻作用，长期服用可导致行为失控、精神疾病，甚至出现暴力倾向，过量服用可能会导致猝死。“摇头丸”常以粉红色、浅绿色、褐色、土黄色、黄色、黄绿色、粉白色等颜色的片剂出售，偶有胶囊、邮票状纸片及晶体状，药片上多标有各种不同的图案、字母、数字等，如蝴蝶、钻石、天鹅、鸽子、苹果、酒杯等图案。

2. 识别食物中的罂粟壳

第一，从外观上识别。罂粟壳外形呈椭圆形，如鸽子蛋大小，一头尖，另一头呈9～12瓣冠状。其壳体上往往有人为切割的多道刀痕。

第二，如觉得吃的食物可疑，想揭露这种犯罪行为，就要留下食物，送到当地的毒品检测机构或公安局的刑事技术化验室进行成分分析。

案例分析

小刚(化名)出生在广东沿海的一个小县城，有一个幸福温馨的家。他从小天资聪慧，再加上自身刻苦努力，成绩特别优秀，得到了周围人的认可，并考上了不错的大学。长期生活在别人的赞美声中，小刚觉得很自豪，感觉人生充满希望。

小刚读大二那年，加入了学生会，他不断地奔波在各种校内的活动与交际中。通过学生会活动，小刚认识了社会人员小星(化名)，两人相互聊得来，小星还时不时给予小刚一些经济支持。

一个夏季的星期六，小星带着小刚和几个同学去酒吧玩。灯光灿烂的包房内，四处都是奢华的装饰风格，房内正上方的水晶灯和四壁上的射灯相互照耀，一下子就让小刚的心热血沸腾了起来，他频频和大家喝酒。等大家都喝到醉醺醺的时候，小星问小刚：“是不是喝醉了很难受？需不需要醒醒酒？”然后他拿出一小包白色粉末放在碟子中研磨，另一个同学则把吸管递给小刚。

在小星的诱导下，小刚吸了第一次，然后就有了第二次、第三次……小刚吸毒的次数越来越多，他的大学青春时光随之流逝消失殆尽，他已经偏离了正常的轨迹。自从吸上毒品，当初的理想抱负都被小刚抛之脑后，对学习一点兴趣都没有了，他很少再去上课，经常找各种理由请假，总是欺骗家人要钱，而且开始结交社会上各种形形色色的人，利用各种途径去获取毒资。

在小刚眼里，只有吸毒，其他任何事情都不值一提了。就这样浑浑噩噩过了半年，有一天夜里遇到警察查房验尿，小刚毫无悬念地被检测出阳性……

近年来，大学生吸毒问题频见报端，引起社会的广泛关注。吸毒会破坏人体的正常生理机能和新陈代谢并导致多种疾病，吸毒过量还会造成吸毒者突然死亡。大学生应当接受生命教育，充分了解生命的意义之后，对生命的珍爱程度也会加深。只有树立正确的生命观和价值观，大学生才能健康成长。

思政元素

缉毒警察的马赛克人生

当脸上不再有马赛克，意味着他们已经牺牲。有这样一群人，他们习惯了籍籍无名，他们的脸出现在视频中时也永远打着沉重的马赛克。因为一旦他们的身份信息被公之于众，往往就意味着他们已经牺牲。他们是这个时代真正的无名英雄，他们有一个共同的名字——缉毒警察。

张子权，云南省临沧市公安局禁毒支队的一位民警。2020 年 12 月 15 日，在一次外出侦办案件中因为过度劳累突然倒地，最后抢救无效而牺牲，逝世时年仅 36 岁。在缉毒岗位工作的 9 年，张子权参与侦办重特大贩毒案件 158 起，缴获毒品 27.7 吨，破获制毒案件 46 起，缴获制毒物品 1186 吨。张子权曾说："我没有刻意地选择这条路，但感觉自己就是要当警察。"他和他的两个哥哥都进入了公安队伍，而这一切也许都是深受父亲的影响，他拼命工作也是为了告慰父亲的在天之灵。张子权的父亲名叫张从顺，曾是镇康县公安局军弄派出所的所长。1994 年，张从顺和战友一起侦办一起跨国贩毒案，毒贩暴力反抗时故意引爆手榴弹，张从顺为了保护战友不幸壮烈牺牲。

缉毒警察是和平时期伤亡率最高的警种之一，他们受伤的概率是一般警察的 10 倍左右。大学生理应了解毒品对于个人、家庭和社会的巨大危害性并树立正确的世界观、人生观和价值观，远离毒品，从我做起！

（资料来源：中国新闻网，2021 年 5 月 9 日，有改动）

知识回顾

本章首先介绍了毒品的危害，然后从外界环境和大学生自身两个方面讲解了毒品的防范措施。

想一想

1. 毒品的危害主要包括哪几个方面？
2. 大学生应如何防范毒品？

第六章 防控毒品犯罪的对策

本章导读

改革开放后的40多年，既是我国经济迅速发展的时期，也是我国社会矛盾急剧显现的时期。伴随着社会的转型，人们的思想观念、传统的道德模式都面临着前所未有的考验。当前，我国正处于社会的转型期，且面临国际毒品泛滥、境外毒品犯罪渗透的局面，因此存在着多种容易诱发大学生毒品犯罪的不利因素，大学生毒品犯罪的形势十分严峻。能否做好大学生毒品犯罪的预防工作，关系到大学生能否健康成才，关系到千家万户能否幸福和安宁，关系到社会主义事业的兴衰成败。

学习目标

◎ 了解我国防控毒品犯罪的综合战略。

◎ 熟悉防控毒品犯罪的具体措施。

情境导入

肖某自2007年开始吸食毒品，2008年曾因吸毒被行政拘留15日，案发前肖某多次吸食毒品，出现幻觉、被害幻想等症状。因吸食毒品发生交通事故后，肖某持械对依法执行公务的交通警务人员行凶，致1人死亡、1人轻伤，犯罪性质恶劣，社会危害极大，罪行极其严重，人民法院依法对其判处并核准死刑。毒品多具有兴奋、致幻作用，吸食后会产生感知错位、注意力无法集中、幻视幻听等症状。因此，吸毒后驾驶机动车极易因上述症状而肇事肇祸，产生严重后果。毒品对人们的危害极其严重，因此防控毒品犯罪是重要且必要的。

第一节 我国防控毒品犯罪的战略选择

美国犯罪学家沃尔特·凯德·雷克利斯认为，犯罪是个人内在的控制能力和社会中存在的外部控制因素缺乏的结果。社会的控制力量减弱是诱发犯罪的一个直接社会因素。毒品问题是一个复杂的社会问题，毒品犯罪的社会防控更是一项复杂的社会系统工程。毒品犯罪产生原因及条件的复杂性决定了毒品犯罪不能仅依靠打击，而更应依靠社会控制力量。因此，采取综合治理的社会防控对策，将打击和预防相结合，强化毒品犯罪的社会防控力度，对于有效遏制毒品犯罪的蔓延具有重要意义。

一、落实联合国的禁毒战略

毒品问题作为全球性的灾难之一，越来越受到国际社会的重视。为了有效打击和控制涉毒违法犯罪活动，加强相关领域的国际合作，联合国召开了两次禁毒特别会议。会议认为，全球毒品泛滥的原因：一方面是大量不法分子从事毒品的非法生产和贩卖，从中攫取非法利益；另一方面是大量吸毒人群的存在，这些“瘾君子”滥用各种毒品，为毒品贩卖提供了广泛的消费市场。正如联合国毒品和犯罪问题办公室的政策分析：永久性解决这一问题唯一的途径就是回到解决毒品控制的首要原则上来，那就是本着保护公众健康的原则把毒品控制起来。基于此，两次联合国禁毒特别会议分别确立了“减少毒品非法供应”和“降低毒品非法需求”两大禁毒战略，这既是联合国针对毒品犯罪的主要战略，同时也是其防控毒品的主要手段。

“减少毒品非法供应”就是通过国家立法，对非法种植毒品原植物、运输毒品、制造毒品及贩卖毒品的人进行严厉的法律制裁，通过警方、海关等部门的共同努力，加强对毒品的原植物的种植、加工、生产、运输、销售等环节的控制，对麻醉药品进行严格管理、堵源截流，切断毒品来源，控制或减少毒品滥用。“降低毒品的非法需求”主要是通过禁毒戒吸、教育宣传等手段，针对不同人群采取不同措施。针对吸毒人群采取早期诊断及有效的治疗和身心康复等综合性干预措施，使其尽早戒毒；针对未吸毒人群，尤其是药物滥用的高危人群采取宣传教育的手段，预防和减少新的吸毒者产生，从而降低社会对毒品的需求，缩小毒品消费市场。

目前，世界范围内的传统毒品市场虽逐步缩小，但海洛因和可卡因的产量仍然很大，合成毒品和处方麻醉品的消费量有所上升。针对新型毒品不断涌现、传统毒品打击不力的状况，联合国毒品和犯罪问题办公室建议，各国应分享应对毒品犯罪的经验和情报，强调共同责任原则，加强必要的国内、区域和国际合作，对毒品种植、生产、运输和贩卖采用综合战略，加大对毒品的管理与控制力度。针对目前新型毒品消费量上升的国际情况，应采取以下三个方面的联合行动，分享毒品防控经验。

一是加强公民意识教育，让公民对毒品的危害性有更深刻的认识。公民对传统毒品所造成的人身和心理的损害一般都有较深的认识，而对新型毒品的认识并不是很明确，所以要加强公众对于新型毒品的认识，以宣传教育的方式防控毒品犯罪。

二是创新治疗和卫生健康方式。现在很多国家和地区的治疗康复中心基本上针对的是海洛因的吸食者，但对新型毒品吸食者的治疗、康复缺乏足够的重视和技术支持。因此，创新治疗和卫生健康方式以应对新型毒品就显得尤为重要。

三是加强情报分享和情报搜集的能力。情报对于打击毒品犯罪、缩小毒品消费市场、加强社会防控力度等方面尤为重要。各国应加强对情报工作的重视，提高情报搜集技术，建立完善的情报共享机制。

二、我国防控毒品犯罪的战略选择

在全球化的背景下，要解决我国的毒品犯罪问题，仅靠一国的局部打击与单一的防范力度是不够的，必须在超国家的层面上进行全方位的研究与思考，进而形成统一的、完备的防控对策体系。在世界各国对毒品问题交流越来越深入、合作越来越密切的今天，联合国把"减少毒品非法供应"和"降低毒品非法需求"作为国际社会公认的两大禁毒战略，这在应对我国毒品犯罪问题时同样适用。我国要牢牢控制住毒品的生产、流通和消费环节，努力摧毁制、贩、吸一体的毒品犯罪网络，落实打击毒品市场、事前预防与事后惩戒相结合的各项工作。

首先，加强毒品的阻击力度，堵截毒品的来源渠道。由于我国紧靠世界上两大毒品生产加工地，通过走私、边境贩运等形式将毒品运入我国的现象非常严重。因此，一方面，我国要开展境外禁毒除源工作，加强边境防卫，加大边境缉毒工作，开展与周边国家的国际禁毒及刑事合作，积极阻断境外毒品和制毒技术的非法流入，阻断以我国边境地区走私毒品为目的的犯罪链条；另一方面，我国要加强境内堵源截流工作，加强对国内制毒工厂的查控，建立易制毒化学品来源的追查制度，加强对易制毒化学品的管理，设立对涉毒违法犯罪行为的举报奖励机制等，彻底切断毒品来源。

其次，加大监督管理力度，控制毒品的消费市场。需求和供应是密切联系的，需求直接影响着供应。毒品违法犯罪活动之所以长期存在，其主要原因就是存在着极大的毒品消费市场。目前，我国毒品的消费市场主要集中在大中城市的娱乐场所，这些场所不仅传统毒品问题突出，更是许多新型毒品消费的基地。因此，针对这些娱乐场所一方面要加强对其的管理，包括对公共娱乐场所吸、贩毒品以及对毒品零售市场的打击等；另一方面要严惩这些场所的违法活动，对相关人员进行责任追究。要加强对毒品消费人群的禁吸戒毒管理，包括完善吸毒登记制度，加强监控，开展戒毒治疗工作，制定戒毒管理办法，加强毒品犯罪的禁毒预防教育，探索新型毒品戒吸治疗机制，落实社区帮教制度以巩固戒毒成果等。

最后，提高禁毒技术，打击毒品犯罪。毒品犯罪具有群体性、开放性等特征，与生产和消费环节相比较，流通环节具有较强的复合性与自我修复能力。因此，缉毒部门不仅要强化对毒品及其犯罪人员的识别和认定，加强对毒品贩运犯罪的打击和制裁力度，更要将重点放在对毒品扩散途径及流通网络的控制方面。只有坚持整体缉查和重点摧毁毒品流通网络的策略，才有可能把堵源截流和压缩毒品消费市场等各项禁毒措施有机联系起来，达到互相促进、互相配合的效果。与此同时，还要提高禁毒技术及缉毒装备水平，加强对缉毒专业人员的专业培训，完善毒品犯罪的情报工作。

第二节 防控毒品犯罪的具体措施

实践充分说明，无论是个体犯罪现象还是群体犯罪现象，都是多种因素影响的结果。毒品犯罪作为当代犯罪学中一种复杂的社会现象和社会问题，当然也是各种社会因素相互交织、相互作用的结果。因此，这就要求我们在长期的、全局性的禁毒战略指导下，制定和完善有效的社会防控举措，进而构建多层次、多方面的毒品犯罪社会防控体系。

一、大力开展禁毒预防宣传教育工作

影视推荐

禁毒宣传教育乃治本之策，毒品犯罪的预防教育更是重中之重。禁毒工作的战略重心决定了毒品犯罪社会防控的中心任务和主要内容，以减少需求为核心的禁毒战略必然要求将事先预防作为禁毒工作的重点。因此，在禁毒战略的预防、戒毒治疗和禁毒执法三大支柱中，预防工作应当处于首要地位。

（一）学校预防教育

在经济高速发展的当今社会，学校教育对社会发展起着重要作用。学校作为青少年群体接受教育的主要场所，不仅对青少年的人生观、价值观的塑造起着导向作用，而且还对青少年成长过程中出现的问题负有疏导和矫正的责任。因而开展禁毒预防宣传教育工作，要从学校预防教育开始，把学校作为开展毒品犯罪预防宣传教育的第一道防线和主要阵地。加强学校毒品预防教育，不仅能确保青少年健康成长，有效遏制青少年毒品犯罪，而且对于全社会的禁毒预防宣传教育工作也具有重要意义。

1. 加强对禁毒宣传教育工作的重视

在当前的学校教育中，不少学校并没有真正认识到毒品危害的严重性和禁毒教育的重要性。在教育质量评估和学生升学等多重压力下，和其他应试课程的教育相比，禁毒宣传教育显得尤为匮乏。还有不少学校认为毒品离学校、课堂和学生很远，禁毒宣传教育工作仅需要在毒品泛滥的地区进行，学校不需要对此进行教育，禁毒宣传教育工作的责任应由社会承担。综上所述，无论是学校还是老师，在禁毒宣传教育工作中往往带有较强的随意性和临时性，缺乏对禁毒宣传教育工作的重视和积极性及长远规划。鉴于此，学校禁毒宣传教育工作应从以下两个方面开展。

一是学校及教师要逐步提高对禁毒宣传教育工作重要价值的认识，深刻认识到学校作为大学生学习和成长的主要场所，对大学生品性、思维及价值体系的养成具有至关重要的作用。因此，学校应将禁毒宣传教育纳入课程体系，培养大学生远离毒品、拒绝毒品的意识，实现大学生不吸毒、校园无毒品的目标。

二是要根据学生的年龄和发展阶段制定长远规划，因人而异，分阶段、分层次实行有针对性的教育。学校要正确把握学生的每一个成长阶段，针对不同的阶段宣传教育的侧重点应有所不同。例如，小学阶段应主要进行感性方面的教育，如开展毒品有害、远离毒品的常识教育；初中阶段应注重对禁毒法律知识的讲解；高中阶段可更多地从意识方面进行教育，注重禁毒意识和社会责任感的培养；大学阶段可进行全面教育，包括防范毒品侵害的各种知识和技能。这样就能逐步加深学生对毒品问题的了解程度，培养其自觉抵制毒品、构建无毒环境的禁毒意识，使学生努力成为禁毒教育工作的宣传者和志愿者。

2. 创新禁毒宣传教育的内容与形式

目前，学校禁毒宣传教育的内容比较单一陈旧，并且侧重突出毒品共性问题和特征的宣传，而很少对毒品的个性特征进行介绍，导致大学生对于当前毒品的种类、危害性等只有模糊的认识，缺少清晰和明确的判断，对具体每种毒品的危害及成瘾性也知之甚少，较难使大学生从内心深处产生抵制毒品的深刻意识。尤其在新型毒品泛滥的今天，由于缺乏基本的认知，许多大学生对于新型毒品充满了好奇，而非保持应有的抵制与防范意识。在教学中，许多老师照本宣科，使大学生面对毒品预防教育时无法产生兴趣和认同感，有些大学生甚至会产生逆反心理，出现对抗举动。禁毒宣传教育的形式也趋于雷同，长期停留在标语式、挂图式、宣讲式等传统的宣传模式上，流于形式的签名活动难以调动起大学生自觉参与的主动性和积极性。因此，学校在禁毒宣传教育中亟须将创新作为提升学校禁毒宣传教育质量的指标和立足点，在内容上除普及传统毒品知识外，更要注重加强对新型毒品的宣传和教育。侧重培养大学生辨别是非、心理调适、正确交友以及适应社会的能力，提高大学生的自控力和对不良刺激的承受力及抵抗力，形成自觉抵制、防范毒品的良好习惯。在形式上，学校要专门开设禁毒知识课程。在课程中，教师可采用角色扮演和小组讨论等教学形式，激发大学生的参与热情。同时大量开展符合大学生特点和兴趣的相关活动，如禁毒宣传讲座、禁毒主题辩论会、禁毒主题征文、禁毒主题晚会等，用活泼生动的教育方式让大学生更积极主动地参与到禁毒知识的学习和实践中来。

(二)社区预防教育

毒品问题的产生和发展是由多个复杂的社会因素综合作用导致的，因此，通过预防教育解决这一问题，也必须考虑到整个社会的政治、经济、文化等背景和因素。家庭是社会最基本的组成单位，而社区作为多个家庭的集合体，在现代社会与管理中发挥着重要作用，如社区在社会服务、社会参与、社会控制以及社会稳定等方面扮演着极其重要的角色。因此，在社区开展预防毒品的健康宣传教育，是控制吸毒、减少毒品犯罪的重要措施。

近年来，尽管开展社区禁毒宣传教育工作已经得到了社会各界的一致认同，并且取得了一定的成果和经验，但是我国的社区禁毒宣传教育工作仍未形成比较成熟的体系，社区在落实禁毒宣传教育工作的措施方面也不够完善，尤其是在社区内部、社区之间以及社区与政府之间沟通机制尚不完善，这使得包括预防宣传在内的社区禁毒工作在资金的筹集、技术的跟进、管理的衔接等各个环节都举步维艰，面临着突破与发展的“瓶颈”。因而，开展社区禁毒教育工作，应注意以下几点。

首先，要建立和完善负责社区禁毒工作实施与沟通的有关机构，政府领导下的各基层社区要能够在优化利用现有资源的前提下，根据社区的需要制订具体的行动计划。

其次，要将维护家庭的内部稳定作为社区禁毒教育工作的重中之重，针对不同社会阶层和背景的家庭采取侧重点不同的禁毒宣传教育，使家庭成员的家庭责任感、反毒意识等得到普遍提升。

再次，针对社区内结构复杂的毒品易感人群，如无业人员、吸毒成瘾者、从事非法性活动者以及有复吸可能的重点对象等，制订不同层次和内容的预防教育方案及活动安排，以加强这部分人对毒品和吸毒危害的认识，有效减少和避免其参与涉毒违法犯罪的行为。

最后，开展丰富多彩的社区禁毒宣传活动，提高社区成员参与禁毒工作的兴趣和积极性，使其从根本上认识到自身对于禁毒问题应承担的公民责任，主动加入禁毒宣传教育的行列中，提醒周围的人珍爱生命、远离毒品，为创建无毒社区、构建和谐社会贡献自己的力量。

只有正确认识我国社区对毒品宣传教育的现状和存在的问题，才能制定出更加完善的社区禁毒预防宣传教育模式和教育方法，才能更好地发挥社区在防控毒品犯罪、教育挽救涉毒人员方面的积极作用。

(三)高危人群预防教育

涉毒高危人群主要指与毒品犯罪高发地区或者与毒品犯罪人员有紧密接触，容易沾染毒品、从事毒品违法犯罪活动的重点人群。在我国，涉毒高危人群一般包括有再次吸毒倾向的人员、刑满释放人员、暂住人口等流动人员以及易涉足洗浴按摩歌厅、舞厅等娱乐场所的人员等，此外还有一部分暴富起来又因精神世界极度空虚而追求刺激的人员等。近年来，新型毒品违法犯罪的主体趋向年轻化、复杂化。

针对这部分涉毒高危人群，采取事前预防教育比采取事后刑罚或行政强制措施更能够起到直接的作用和积极的社会效果。针对各类娱乐场所，要加强禁毒宣传和教育，制作禁毒宣传单发放给其工作人员。在这些场所内可设定并张贴禁毒警示标牌、各类禁毒宣传画及禁毒举报电话，时时起到预防和警示作用。相关部门可在娱乐场所内开展禁毒承诺活动，有效推动娱乐场所内部建立禁毒自律管理制度，提高娱乐场所对禁毒宣传教育的重视程度。针对有再次吸毒倾向的人员，鉴于其已有吸毒经历，依靠常规的毒品危害性的教育作用可能不大，需要根据具体情况来对症下药，或采用感性式教育，或采用家庭回归教育，让其体会到家庭和社会的温暖，克服再次吸毒的欲望。针对新型毒品的易感人群，各类部门应抓好有关新型毒品危害与预防的禁毒宣传教育工作，要有针对性、实效性地加强禁毒宣传、预防艾滋病教育和法治教育，提高其自觉抵制新型毒品的能力。

二、加强对易制毒化学品的管理和控制

无论是天然毒品，还是合成毒品，在进入消费市场之前绝大部分需要经过提炼和加工，即对制毒所需的主要原料和配剂进行化学加工和反应，从中提取中间体从而形成最终的稳定产品。这些易制毒化学品不仅是日常生活、工农业生产以及科学研究等常用和必需的原料，同时也在毒品制造中发挥着不可或缺的重要作用，因此被国家法律法规所严格管制。

为加强对易制毒化学品、麻醉药品和精神药品的管理，防止其流入非法渠道，严厉打击涉及制造毒品的违法犯罪活动，国务院公布实施了《易制毒化学品管理条例》《麻醉药品和精神药品管理条例》。在切实贯彻落实两个条例的前提下，为进一步推动全国易制毒化学品、麻醉药品和精神药品的管理工作走上法制化、规范化轨道，应着重注意以下问题。

（一）加强对易制毒化学品和麻醉药品、精神药品企业的管理和控制

加强对易制毒原材料和制毒设备的生产、销售环节的管理和控制，进一步完善有关易制毒原材料和相关设备的管理制度，结合各地的实际情况制定实施细则。在公安机关的管理内容中加入对易制毒原料及设备的管理，并定期对这些原料、设备的使用情况进行检查监督并登记备案。加大法律制裁的力度，对不按规则执行及推卸责任，甚至抵制法令的有关责任人，追究法律责任。

严格对麻醉药品、精神药品原植物的种植和麻醉药品、精神药品的生产、供应、经营、进出口、使用环节进行监管。相关企业要对易制毒化学品的货物进出情况作详细记录，并实行生产特许证制度，国家主管部门应当下达生产计划，严禁企业在计划外生产麻醉药品、精神药品。在麻醉药品、精神药品的流通方面，严格实行准运证制度，实时跟踪产品的流向，并将此制度纳入公安机关的特殊行业管理。对违反此项规定擅自进行易制毒化学品的制造、运输和贩卖行为的，要依法予以查处，追究行为人的刑事责任。

运用科学技术手段加强对其他非易制毒化学品和麻醉药品、精神药品企业的监测。易制毒化学品的非法生产和流通必然依赖一定的资源和环境，因此，通过与工商、环保、消防、卫生等部门的协同配合，公安机关可以从常规企业异常的用水、用电及污染排放等检测情况中，及时发现制毒、贩毒窝点的蛛丝马迹，进而采取有效的打击行动。同时，通过与有关单位和部门建立协作和有奖举报制度，调动各个部门和人民群众禁毒的积极性，最大程度地发挥社会监督作用，为打击易制毒化学品的非法

生产和流通广辟线索。

加强对外来投资的管理和监控，特别是针对相关化工类企业的监管力度。我国当前境内制毒犯罪的资金有很大一部分来自境外，为毒品犯罪提供了经济支持。因此，有关部门在引进外资时应当认真审核、随时监督，发挥检验和验证管理制度的实效性，确保引进的每一分资金在来源和用途上都处于合法、可控的范围。

加强对我国科技人员的管理。在当前毒品犯罪日益智能化和现代化的大趋势下，掌握现代制毒技术的高科技人员在毒品加工制造的过程中发挥着越来越重要的作用。以往，境外的毒品犯罪分子通常会自带制毒资金和制毒技术人员；而如今，借助国内部分科技人员待遇不高、管理不严等有利条件，制毒分子便引诱相关科技人员加入毒品犯罪活动。因此，国家需要加强对科技队伍的管理，制定出更为科学的政策和法规以遏制这一现象。

(二)加强公安机关及其相关部门的监管力度

要提高认识，建立健全领导机制和工作机制。公安禁毒部门是禁毒工作的主力军，在对易制毒化学品的管控监督过程中，要主动协调与其他各部门之间的分工与配合，彻底改变以往重破案而轻监管的做法。而其他有关单位要改变毒品犯罪的主管机关为公安机关的认识，充分意识到自身所应承担的职责。建立健全禁毒领导机制，形成以公安部门为主力军，其他各相关单位分工配合、积极参与的工作体系，真正做到统一领导、各司其职、互通情况、强化管理、提高水平，不断优化易制毒化学品的管理体系，形成各部门齐抓共管、协同作战的有利格局。

目前，公安机关、司法机关及其他相关部门对易制毒化学品的认识还不够全面，在一定程度上给犯罪分子以可乘之机。因此，公安机关及其相关部门应不断深化执法人员对于易制毒化学品的认识。同时，在全社会开展宣传教育，普及有关易制毒化学品的知识，提高全社会对易制毒化学品流入非法渠道严重危害性的认识，使群众积极参与到打击毒品犯罪活动中来。要坚持宣传教育与打击查处并重的原则，通过典型案例的成果展示和政策宣传，对毒品犯罪分子形成有力震慑。

落实监管措施，形成易制毒化学品管理的工作基础。建立专门的易制毒化学品管理机构，并配备专业工作人员，分层次地开展易制毒化学品管理工作。第一层次是全程监控一类易制毒化学品；第二层次是检查并掌握涉及其他易制毒化学品企业的生产经营基本情况；第三层次则是将易制毒化学品管理工作纳入派出所的基础工作中来，明确管区民警应当肩负的监督检查责任。

统一执法程序，规范易制毒化学品管理内容。要进一步规范易制毒化学品管理的执法程序和管理的内容，统一审批程序、文本、印鉴和审核内容。生产易制毒化学品的企业须经有关部门的审查才有资格申领证件，其生产经营的资格、年度计划以及销售方向等都需接受严格的审核和批准。除此之外，有关部门还应将购用方企业的营业执照、购用的备案证明以及年度使用计划和用途说明等情况纳入重点审查的范畴。与此同时，行业主管部门还要完善所有涉及一、二类易制毒化学品的生产、流通企业的各项规章管理制度，完善生产、经营、仓储、运输、使用、消耗等基础台账，以建立起长效的管理制度。

依法严格监控，加大对易制毒化学品违法犯罪的查处力度。第一，禁毒执法机构应当定期或不定期地针对企业开展检查工作，全面监督管理易制毒化学品的生产、流通和消费等环节，对于违反规定的、非法的企业予以严厉的查处或取缔，使企业行为在安全、自律的意识约束下逐步走向规范化。第二，加强情报信息的搜集和管理工作，为查处打击犯罪行为提供线索。非法买卖易制毒化学品主要集中在流通领域，其交易信息的传递大多为网上联络或供销业务人员之间单线联系。因此，缉毒情报部门应对各类化工企业的网络以及供销部门的业务人员加强监控，努力获取和掌握更多涉及一、二类易制毒化学品生产和流通的有价值的情报，一旦发现线索，立刻组织人员，集中精力，打击违法犯罪行为。

三、完善和加强毒品缉查工作

（一）开展人员培训，提高执法队伍的综合素质

由于易制毒化学品管理是一项新的公安业务，对此应加大对易制毒化学品管理执法人员培训的力度。具体说来，培训内容应包括易制毒化学品的基本常识，制造毒品的大致过程，有关的基本的化学化工知识，制造毒品所需原料、配剂和生产设备等知识，加强执法人员对易制毒化学品的了解。并针对管理工作中的法律法规的把握、办证工作的规范要求、监督检查的方式方法、情报信息的来源、执法办案的技巧等多方面内容，进行专门训练，以提高执法人员的专业技能和执法能力。此外，优秀的缉毒执法人员还应熟练掌握相关应急措施，以便在面对突发的意外事故时能够及时采取有效的措施。

（二）加快信息交流，提升易制毒化学品管理工作水平

鉴于易制毒化学品违法犯罪活动的跨区域性特点，在全国范围内对其实施有效的防范和控制，必须依靠各区域之间的密切协作和联合缉查。而高效的协作与配合需以顺畅的情报信息交流为前提。只有提高易制毒化学品管理信息的交流速度和质量，并在此基础上进行具有针对性和可行性的经验交流，才能不断增强执法人员的缉查能力，丰富其自身工作的内容和手段，进而加快易制毒化学品管理工作的规范化、正常化进程。

（三）完善情报体系，加强对易制毒化学品的管控

公安机关及相关部门应加强情报调查工作，建立完善统一的缉毒情报中心，并设置分支机构，从而形成一个完整的情报体系。通过情报分析易制毒化学品的种类、来源及制毒集团的需求，以进一步加强对易制毒化学品的管控。加强隐蔽力量建设，从而提高发现易制毒化学品违法犯罪的能力，加大毒品缉查的力度。

通过加强对易制毒化学品和麻醉药品、精神药品企业的管控，从生产和流通领域对易制毒化学品进行有效监督。加强公安机关及相关部门的监管力度，使易制毒化学品得到有效的控制。完善毒品缉查工作，加强管控易制毒化学药品、麻醉品和制毒器械等流通渠道和使用途径，从源头上控制可能发生的毒品犯罪。

拓展阅读

《刑法》规定的毒品犯罪

第三百四十七条　［走私、贩卖、运输、制造毒品罪］

走私、贩卖、运输、制造毒品，无论数量多少，都应当追究刑事责任，予以刑事处罚。

走私、贩卖、运输、制造毒品，有下列情形之一的，处十五年有期徒刑、无期徒刑或者死刑，并处没收财产：

（一）走私、贩卖、运输、制造鸦片一千克以上、海洛因或者甲基苯丙胺五十克以上或者其他毒品数量大的；

（二）走私、贩卖、运输、制造毒品集团的首要分子；

（三）武装掩护走私、贩卖、运输、制造毒品的；

（四）以暴力抗拒检查、拘留、逮捕，情节严重的；

（五）参与有组织的国际贩毒活动的。

走私、贩卖、运输、制造鸦片二百克以上不满一千克、海洛因或者甲基苯丙胺十克以上不满五十克或者其他毒品数量较大的，处七年以上有期徒刑，并处罚金。

走私、贩卖、运输、制造鸦片不满二百克、海洛因或者甲基苯丙胺不满十克或者其他少量毒品的，处三年以下有期徒刑、拘役或者管制，并处罚金；情节严重的，处三年以上七年以下有期徒刑，并处罚金。

单位犯第二款、第三款、第四款罪的，对单位判处罚金，并对其直接负责的主管人员和其他直接责任人员，依照各该款的规定处罚。

利用、教唆未成年人走私、贩卖、运输、制造毒品，或者向未成年人出售毒品的，从重处罚。

对多次走私、贩卖、运输、制造毒品，未经处理的，毒品数量累计计算。

第三百四十八条　[非法持有毒品罪]

非法持有鸦片一千克以上、海洛因或者甲基苯丙胺五十克以上或者其他毒品数量大的，处七年以上有期徒刑或者无期徒刑，并处罚金；非法持有鸦片二百克以上不满一千克、海洛因或者甲基苯丙胺十克以上不满五十克或者其他毒品数量较大的，处三年以下有期徒刑、拘役或者管制，并处罚金；情节严重的，处三年以上七年以下有期徒刑，并处罚金。

第三百四十九条　[包庇毒品犯罪分子罪；窝藏、转移、隐瞒毒品、毒赃罪]

包庇走私、贩卖、运输、制造毒品的犯罪分子的，为犯罪分子窝藏、转移、隐瞒毒品或者犯罪所得的财物的，处三年以下有期徒刑、拘役或者管制；情节严重的，处三年以上十年以下有期徒刑。

缉毒人员或者其他国家机关工作人员掩护、包庇走私、贩卖、运输、制造毒品的犯罪分子的，依照前款的规定从重处罚。

犯前两款罪，事先通谋的，以走私、贩卖、运输、制造毒品罪的共犯论处。

第三百五十条　[非法生产、买卖、运输制毒物品、走私制毒物品罪]

违反国家规定，非法生产、买卖、运输醋酸酐、乙醚、三氯甲烷或者其他用于制造毒品的原料、配剂，或者携带上述物品进出境，情节较重的，处三年以下有期徒刑、拘役或者管制，并处罚金；情节严重的，处三年以上七年以下有期徒刑，并处罚金；情节特别严重的，处七年以上有期徒刑，并处罚金或者没收财产。

明知他人制造毒品而为其生产、买卖、运输前款规定的物品的，以制造毒品罪的共犯论处。

单位犯前两款罪的，对单位判处罚金，并对其直接负责的主管人员和其他直接责任人员，依照前两款的规定处罚。

第三百五十一条　[非法种植毒品原植物罪]

非法种植罂粟、大麻等毒品原植物的，一律强制铲除。有下列情形之一的，处五年以下有期徒刑、拘役或者管制，并处罚金：

（一）种植罂粟五百株以上不满三千株或者其他毒品原植物数量较大的；

（二）经公安机关处理后又种植的；

（三）抗拒铲除的。

非法种植罂粟三千株以上或者其他毒品原植物数量大的，处五年以上有期徒刑，并处罚金或者没收财产。

非法种植罂粟或者其他毒品原植物，在收获前自动铲除的，可以免除处罚。

第三百五十二条　[非法买卖、运输、携带、持有毒品原植物种子、幼苗罪]

非法买卖、运输、携带、持有未经灭活的罂粟等毒品原植物种子或者幼苗，数量较大的，处三年以下有期徒刑、拘役或者管制，并处或者单处罚金。

第三百五十三条　[引诱、教唆、欺骗他人吸毒罪；强迫他人吸毒罪]

引诱、教唆、欺骗他人吸食、注射毒品的，处三年以下有期徒刑、拘役或者管制，并处罚金；情节严重的，处三年以上七年以下有期徒刑，并处罚金。

强迫他人吸食、注射毒品的，处三年以上十年以下有期徒刑，并处罚金。

引诱、教唆、欺骗或者强迫未成年人吸食、注射毒品的，从重处罚。

第三百五十四条　[容留他人吸毒罪]

容留他人吸食、注射毒品的，处三年以下有期徒刑、拘役或者管制，并处罚金。

第三百五十五条　[非法提供麻醉药品、精神药品罪]

依法从事生产、运输、管理、使用国家管制的麻醉药品、精神药品的人员，违反国家规定，向吸食、注射毒品的人提供国家规定管制的能够使人形成瘾癖的麻醉药品、精神药品的，处三年以下有期徒刑或者拘役，并处罚金；情节严重的，处三年以上七年以下有期徒刑，并处罚金。向走私、贩卖毒品的犯罪分子或者以牟利为目的，向吸食、注射毒品的人提供国家规定管制的能够使人形成瘾癖的麻醉药品、精神药品的，依照本法第三百四十七条的规定定罪处罚。

单位犯前款罪的，对单位判处罚金，并对其直接负责的主管人员和其他直接责任人员，依照前款的规定处罚。

案例分析

被告人冯某某，男，汉族，1967 年 12 月 9 日出生，无业。

被告人姜某，女，汉族，1989 年 9 月 6 日出生，无业。

二人系男女朋友关系。2014 年 8 月的一天，聊某通过姜某联系冯某某，在冯某某的厂房大院内，以 2500 元的价格从冯某某处购买甲基苯丙胺 28 克。2014 年 10 月的一天，聊某在冯某某的厂房大院内，从冯某某处购买甲基苯丙胺 500 克，并通过姜某将 3 万元毒资支付给冯某某。被告人冯某某、姜某于 2014 年 11 月 13 日，在冯某某的厂房大院内准备进行毒品交易时，被公安机关抓获。公安机关从冯某某的厂房办公室、厂房大院内查获甲基苯丙胺共计4997.11克，从姜某住处扣押甲基苯丙胺2.81克。另外，被告人冯某某于2014年11月13日中午，在其厂房办公室内容留姜某、王某、宋某吸食毒品甲基苯丙胺。

【裁判结果】法院认为，被告人冯某某以贩卖为目的购买大量甲基苯丙胺，并驾车运输，还安排被告人姜某向他人贩卖毒品，其行为构成贩卖、运输毒品罪；冯某某容留他人吸毒，其行为还构成容留他人吸毒罪，依法应实行数罪并罚。冯某某贩卖毒品数量巨大，犯罪情节严重，依法应予严惩。被告人姜某帮助冯某某贩卖毒品，其行为构成贩卖毒品罪，姜某容留他人吸毒，其行为还构成容留他人吸毒罪，依法应实行数罪并罚，鉴于其在与冯某某共同贩卖毒品犯罪中系从犯，依法可对其减轻处罚。依法以贩卖、运输毒品罪判处被告人冯某某死刑，剥夺政治权利终身，并处没收个人全部财产；以容留他人吸毒罪判处其有期徒刑1年，并处罚金人民币1000元，决定执行死刑，剥夺政治权利终身，并处没收个人全部财产。以贩卖毒品罪判处被告人姜某有期徒刑10年，并处罚金人民币5万元；以容留他人吸毒罪判处其有期徒刑1年，并处罚金人民币1000元，决定执行有期徒刑10年6个月，并处罚金人民币51000元。

由案例分析可知，随着毒品犯罪打击力度的不断加强，毒品犯罪愈加隐蔽，毒品犯罪分子具有一定的反侦查能力，往往采用人款分离、变换交易地点等手段，指使、利用他人帮助完成毒品交易，以降低交易风险，躲避侦查。因此，布置好防控毒品犯罪的综合战略是打击犯罪的第一步，然后利用多种防范措施来杜绝毒品犯罪也显得尤为重要。

知识回顾

本章第一节讲解联合国的禁毒战略，进而引出我国防控毒品犯罪的战略选择。第二节首先从大力开展禁毒预防宣传教育工作引出我国的防控毒品犯罪措施，并且提到加强对易制毒化学品和麻醉药品、精神药品的管理和控制，最后提出完善和加强毒品缉查工作的措施。

想一想

1. 简述我国防控毒品犯罪的综合战略。
2. 简述防控毒品犯罪的措施。

思政园地

行走在刀尖上的缉毒警察：坏的是毒品，不是人性

穷凶极恶、铤而走险、瘾君子、亡命徒，这是人们对毒贩的印象，而与他们暗中对峙、正面交锋的缉毒警察可谓“行走在刀尖上的人”。北京市公安局某分局禁毒大队常警官工作将近22年，他拿下过狠案子，也遇到过大遗憾，直面过凶险，也在情感上纠结过。外行人对这份职业表现出来的是好奇，而在他看来这份工作最大的特点是“辛苦”，激战虽然有，但更多的日常是孤独而紧张地等待、坚持。只有完结的案子和未完结的案子，节假日反而是个陌生词。

“我的从业经历很简单，工作20多年，只干过一个警种，就是缉毒，从侦查员一步一步到探长，然后再到中队长、副大队长。”常警官用“干一行爱一行”来描绘自己的状态。曾经也有调去其他部门的机会，他总说“不走”。

常数官介绍，他毕业于北京体育大学，在进入警察队伍前，对缉毒警察最多的认知来自上大学时候看的电视剧《永不瞑目》，那会儿的感觉估计和现在大家对缉毒警察的感觉一样，也有很多的问号，感觉很神秘。抓捕毒犯的场面真的那么紧张刺激吗？为了搞清楚毒贩和谁交接，要蹲那么久？后来自己竟然成了电视剧里的那类人。

常警官刚进入缉毒大队时没经验，理论学习只是一部分，重要的还是要靠师傅们传、帮、带。而且那时候的侦查手段单一，只能当侦查对象的“影子”，就是靠眼睛和腿，“只要嫌疑人出了家门，无论是吃饭、买东西还是陪女朋友逛街，我们一刻不敢眨眼，神经紧绷，天天围着他们的生活节奏转，自己的吃喝拉撒节奏就全部乱套了”。

常警官讲述，记得有一次在一个毒贩家楼下蹲守时，不仅带了食物和水，还备了几个空瓶子。水用来喝，空瓶子用来方便，当时北京正值仲夏，即使高温也不敢开空调，窝在车里整整四个小时，汗流浃背，气味一言难尽。而这种情形就是常态。

常警官形容，缉毒警察和毒贩之间就像猫鼠游戏，他跑我追，他打的洞再多，最后都躲不过好捕手。禁毒侦查员无论是外围侦查，还是到案抓捕，都要靠丰富的经验、缜密的判断、战友的配合和群众的支持，即便如此也不可能百分之百成功。

随着国家打击毒品犯罪的力度加大，涉毒人员生存空间越来越小，他们清楚如果被抓，等待他们的刑罚会很重，所以，他们面对缉毒警察时总是抱着一种拼命的态度。因此，作为一名缉毒警察，随时都要做好流血牺牲的准备。

“在抓捕一名毒贩的时候，他想翻墙逃跑，我紧追上去从身后把他抱拽了下来，他手里挥舞着利器反抗，我全力把他压住，等支援的同事来后我们一同把他制服。”常警官回忆，制服后才看清楚对方挥舞的是一把立体三棱军刺刀，刀刃带血槽，有着致命杀伤力。现在想起来都让人后怕，至今他仍记得那把刀挥来的情形，这些提醒着他危险一直都在。

即便如此，常警官始终认为坏的是毒品，不是人性。很多人吸毒是因为一时贪念或者误入歧途，后来以贩养吸，恶性循环下去。他们之中有的人对毒品的憎恨不比我们少，他们也不恨警察，因为他们也想过正常的生活。

曾经有一个嫌疑人不仅自己吸毒，从外地开车回京时还受人委托带了毒品，被查出后因运输毒品罪被判刑。“他出狱后又过了几年还来找过我，大意是自己现在走上正途了，还在外地开了一家旅游公司，混得不错。”戏剧性的是，2012年前后他再次被常警官抓获，碰面的瞬间很尴尬。“一个大老爷们儿抬不起头，而我的内心，又气、又惋惜，但终归，他还是要因此付出代价的。”每每接到曾经抓获的嫌疑人改邪归正后打来的报喜电话，常警官心里还是会忐忑，不是不愿意听到他们的消息，只是觉得没有消息就是最好的消息。

缉毒20多年了，常警官不想炫耀自己有多么厉害，面对工作调动的机会时他仍然没动心。“因为热爱缉毒，我愿意继续干下去，我还有很多劲儿可以使。”常警官说，如果自己不能继续干，别人也要干，他就想用这么多年的经验，多带几个徒弟出来。

（资料来源：《北京青年报》，2022年1月10日，有改动）

讨论：

1. 结合材料分析常警官身上的哪些品质值得我们学习。
2. 现在流于市面的毒品种类和包装多种多样，我们应该如何识别？

第三部分 社会性别与性教育

第七章 社会性别

本章导读

性别问题是关系到人类和谐发展的重要问题。了解社会性别的概念和基本内容，正确地认识男女之间的差异，对大学生的健康成长和身心发展有重要意义。

学习目标

◎ 了解社会性别的概念和基本内容。
◎ 了解社会性别理论的基本内容。
◎ 能够正确地认识男女之间的差异。

情境导入

自20世纪50年代以来，社会性别的概念不断发展，亦广泛应用于各个领域。与生理性别不同，社会性别不是由男女在生理结构方面的差异决定的，而是由社会建构的，是人通过社会化过程而习得的。

社会性别是多元的，除男性、女性外，还有其他社会性别。每个人的社会性别认同亦有所不同，并且可能与其生理性别不一致。社会性别角色是社会文化期望某一社会性别担当的角色；但仅因为一个人属于某个社会性别群体而认定其具有某些特定的属性、特点或角色，则会形成对某一社会性别的刻板印象。

第一节　社会性别的辨析

一、生物性别与社会性别

社会学家用生物性别与社会性别的概念来区别生物的性别身份认同与后天学习的社会性别角色差异。

生物性别即人的生理性别，是指男女在生理结构方面的差异。

社会性别是指基于生理性别的男女两性在社会文化的建构下形成的性别特征和差异，即社会文化形成的对男女两性差异的理解，以及在社会文化中形成的属于男性或女性的群体特征和行为方式，表现为社会对男女在婚姻、文化、教育、经济、政治等领域所扮演的角色的固定期待。例如，在我们成长的过程中，父母、老师、朋友或强制或潜移默化地告诉我们：男孩子应该坚强、勇敢；女孩子应该温柔、娇弱、善解人意。

二、性别角色社会化

性别角色是指由于人们的性别不同而产生的符合一定社会期望的品质特征、思想方式和行为模式。性别角色社会化是个体在一定的社会环境中，通过与他人交往学习当前社会普遍认定的男性或女性应该具备的适当的特质、态度、行为活动的过程。

社会化是指个体在与社会互动的过程中，逐渐养成的独特个性和人格，从生物人转变为社会人，并通过社会文化的内化和角色知识的学习，逐渐适应社会生活的过程。在此过程中，社会文化得以积累和延续，社会结构得以维持和发展，人的个性得以健全和完善。社会化是一个贯穿人生始终的过程。

性别角色社会化是指个体在社会生活中，学会按自己的性别角色规范行事的过程。

学者们把男女之间的差异从三个不同的方面加以描述：“性”表示男女在生物学方面的差异，如遗传、内分泌、解剖及生理的差异；“性别”表示男女在人格特征方面的差异；“性别角色”表示男女在社会行为方式上的差异。

由于性别不同，社会对男女的期待也不同，因而出现了思维方式与行为方式的差异。这种差异与生理特征没有必然联系，不是天生的，而是性别角色社会化的结果。凡行为模式与所期望的性别角色一致的人，便会受到社会的接纳和赞许；否则，就会遭到周围人群的否定或排斥。

（一）性别角色社会化的载体

1. 家庭

童年期是社会化的关键时期，家庭中的亲子关系，家长的言传身教，对孩子的语言、情感、角色、经验、知识、技能与规范方面的习得均具有潜移默化的作用。

家庭对性别角色社会化的影响是通过性别期待与认同、模仿的机制实现的。婴儿从出生起，双亲就按孩子的性别加以培养教育。例如，在衣着、玩具、说话方式、行为表现等方面，双亲对男婴与女婴的要求是不同的；同时，婴儿的性别认同也是不一样的：女婴多模仿母亲，男婴多模仿父亲。

就个体演化而言，性别角色经历了社会化的过程，甚至在孩子出生前，父母对不同性别孩子的态度便已显露出来。怀孕期间，准父母常常会推测胎儿的性别，对不同性别的孩子赋予不同的期望。孩子出生以后，父母通过衣着、环境布置、取名等方面把男女婴儿区分开来。两三岁的幼儿观察父母不同的服装和行为，对男性和女性的外表和性别角色开始有所认识。父母对男孩的某些顽皮和淘气采取容忍的态度，而对女孩的某些安静文雅则予以称赞。儿童通过玩具和游戏增强了性别角色意识，使其行为向相应的性别角色转化。入学以后，图书和电视对儿童性别角色的意识将进一步发挥影响。

2. 学校

学校是有组织、有计划、有目的地向个体系统传授社会规范、价值观念、知识与技能的机构，其特点是地位的正式性和管理的严格性。个体进入学龄期后，学校就成为其社会化最重要的场所。学校教育促使学生掌握知识，激发其学习动机，并为学生提供更多社会互动的机会。

进入学龄期以后，学校和社会会从多方面强化男女两性的角色差异。例如，学校和教师在课余生活、体育锻炼项目等方面对不同性别的学生有不同的要求；教科书中的内容也对男女两性表现出不同的性别期待。

3. 大众传播媒介

大众传播媒介所反映的性别成见主要体现在文化方面，性别成见主要包括对男女两性的性格、形象、智力、社会分工、家庭角色等方面的定型化。例如，就性格而言，男性应该是理性、勇敢、坚强、勇于探索的，而女性则是感性、柔弱、温柔和被动的；就形象而言，男性应该是高大威猛、粗犷和英俊的，女性应该是漂亮、性感和苗条的；就社会分工而言，男性是事业型的，女性是家庭型的；就家庭角色而言，男性是家庭的主心骨、顶梁柱，女性主要操持家务。

大众传播媒介的性别成见对于整个社会的影响是巨大的。由于大众传播媒介的广泛性和深入性，人们在日常生活中不知不觉地接受着主流意识形态的影响。大众传播媒介将社会的主导话语传播给受众，同时也不断改变着受众看待自身的价值标准。

（二）正确培养性别角色

第一，性别教育比性教育更重要。性别角色决定着一个人的行为模式。例如，人们常要求男性的行为体现出阳刚之气，女性的行为表现出阴柔之美。虽然男女性别是由生理结构和遗传因素决定的，但性别角色却是从儿童期受成人影响、教育的结果。对儿童性别教育的缺失，不利于儿童的成长。家庭教育的失误是造成儿童性别认知错位的一个重要原因。

第二，从儿童 3 岁起要培养其性别意识。有心理研究指出，人在 3 岁左右就有性别意识了，3 岁后儿童会逐渐意识到“男女有别”。随着年龄的增长，儿童对男女的着装、行为举止、性格特征会逐渐形成全面认识，也就逐渐形成了生理性别。因此，有专家提醒家长，为避免儿童性格发展出现偏差，最好从儿童 3 岁起，就开始培养儿童的性别意识，让儿童明白男孩和女孩的差异。

三、社会性别平等和社会性别公正

实现社会性别平等和社会性别公正，是社会性别主流化的终极目标。

（一）社会性别平等

社会性别平等有这样的含义：所有人，不论男女，都可以在不受各种成见、严格的社会性别角色分工观念，以及各种歧视的限制下，自由发展个人能力。

社会性别平等意味着男性和女性的不同行为、期望和需求均能得到同等考虑、评价和照顾。社会性别平等并不意味着女性和男性必须变得完全一样，而是说其权利、责任和机遇，并不受性别的影响。

社会性别平等主要体现在以下三个方面。

1. 形式性平等

形式性平等，即认为男性和女性是相同的，因此应像对待男性一样对待女性。这种模式的倡导者赞成给女性平等的机会，期望女性与男性在同样的规则和标准下获得和享有机会。形式平等的倡导者未考虑女性和男性的生理差异及社会文化差异，而且不为女性提供任何额外或特别的措施，这给那些不得不按照男性标准做事的女性带来了更大的压力。

2. 保护性平等

保护性平等，即通过排斥女性或限制女性的权利过度保护女性。女性被假定为弱者，不适合做某些事情，这对女性造成了不利的影响。因为女性被排斥于那些被认为对她们有害的环境之外，女性失去了获得多种不同经历的机会。

3. 实质性平等

实质性平等，指结果的平等或事实上的平等，其考虑到男性和女性之间的差异，但肯定了男女平等。当前，国际社会致力于促进实质性平等并通过责任方法和行动方法实现男女平等。

(二)社会性别公正

社会性别公正是指针对男性和女性的不同需求给予公平待遇。这不仅包括给男女劳动者同样的待遇和机会，也包括给男女劳动者不同的待遇、福利和机会，甚至包括倾斜性措施或临时特别措施，但目的是实现性别平等。

第二节　社会性别理论的意义和发展

一、社会性别理论的意义

社会性别概念提出以后不仅成为第二次女性主义运动浪潮中的核心概念，还被大量运用到对两性不平等关系的分析中。社会性别理论的意义如下：

第一，社会性别理论力争揭示导致男女不平等的原因，是对父权制下两性关系的总结和深化。女性主义从诞生之日起，就力图寻找男尊女卑的症结，就被如何理解两性差异的难题所苦苦纠缠，关于社会分工、社会角色、性别差异、两性社会刻板印象的研究都体现了这种困惑。社会性别理论提出了一个两性差异的产生机制，使女性主义面临的理论困境豁然开朗，也使女性主义的任务变得更清晰明确，即要消除产生性别歧视和社会性别的社会机制，从而推动了女性主义理论的深化。

第二，社会性别理论为女性主义理论找到了一个普遍有效的阐释框架，标志着女性主义建立了自己的分析方法，推动了女性主义科学的发展。这一概念的提出使女性主义者可以以社会性别为分析工具和手段，考察历史和现实领域，对诸如社会权力的分配，社会性别在主体和实践中的符号意义，社会性别在社会、文化、心理层面的能动性等问题进行探讨。这些研究无疑开阔了女性主义的视野，并促使女性主义者开始建立自己的理论体系，从而使女性学成为一门独立的科学。

第三，社会性别理论推动了女性发展的实践。社会性别理论认为，发展应当是全人类的发展，不能简单地将经济增长视为社会发展，也不能用社会的发展代替女性的发展。不同的发展策略会给两性带来不同的影响，因此，相关部门在出台各项社会发展政策时，应运用性别分析的方法，考察各项社会发展政策对两性造成的不同影响，在实践中探索实现男女平等的发展手段。

二、社会性别理论的发展

自第四次世界妇女大会于 1995 年在北京召开后，“社会性别”作为一个女权主义核心学术概念，在我国各类女性组织和活动中获得较为广泛的传播。

（一）学术理论方面

在学术理论方面，过去 10 多年里“社会性别”这个概念的传播面应该说是较广泛的，这与女性组织活动的范围密切相关。过去，研究界不少学者对“女性意识”和“社会性别”两种不同的概念缺乏认识，所以两个指代不同内涵的概念经常被混淆使用。

（二）女性研究方面

在女性研究界，社会性别概念的使用程度还可以从另一方面界定。在第四次世界妇女大会之前，中国女性研究界对女性状况的剖析工具只有马克思主义和“封建思想”这个模糊概念。恩格斯的简单化论点——“女性只有进入社会生产才能获得解放”成为中国女性解放构想的理论基础和奋斗目标。恩格斯的论点为中华全国妇女联合会系统推进女性的有酬就业提供了合法性，至今仍具有它的话语力量。女性就业率的提高确实有效的减少了妻子对丈夫的经济依赖，在不改变家庭结构的情况下，部分改变了父系夫权家庭中的权力关系。女性是社会主义建设者，而不仅是贤妻良母，这成为 1949 年以后起码两代城市女性的主体身份。在当时男女平等的主流社会性别话语下，普通女性大规模地进入公共空间，至少在城市里有效地打破了社会空间里的性别隔离。然而，男尊女卑的社会性别等级制度是由家族家庭制度、婚姻制度、劳动分工制度等诸多社会体制维系和延续的，并非仅仅是“封建思想”的表现。

拓展阅读

美国人类学家盖尔·卢宾最早提出社会性别的概念。社会性别主要是指自身所在的生存环境对其性别的认定，包括家人、朋友、周围群体、社会机构和法律机关的认定等，社会性别是生物基本的社会属性之一。社会性别主要体现在性别角色上，是一种文化构成，不仅因时间而异，而且因民族、地域而异，是一种特定的社会构成。

其一，社会性别的提出是对生理性别的批判，提出了男女应从社会、文化背景层面去理解问题。其二，社会性别的提出，强调“后天”对“先天”的影响，指出社会制度、法律、价值观对女性的歧视而造成女性在政治、文化、经济上的受压迫。其三，实现男女平等的前提是建设一个平等的社会制度，创造一个平等的文化环境。

生理性别是人与生俱来的性特征，不因种族、民族、地域或国别而有所差别。而社会性别则是后天形成的，是社会变迁及社会的政治、经济和文化等因素相互作用的结果，不同的历史时期，不同的政治制度、经济制度以及不同的社会文化，会产生不同的社会性别。因此，社会性别是一个动态发展的概念，具有历史阶段性、社会性和共塑性等特征。社会性别的历史阶段性是指在不同历史时期人们对男女两性的期待不同而导致的性别角色模式的不同；社会性是指在不同的社会中，政治、经济、文化等多种因素相互作用形成的对社会性别的建构，即不同的社会有不同的社会性别制度。社会性别的形成不是某一特殊群体自发或有意识培养的，而是处于同一社会中的两性相互塑造的结果。

社会性别把两性关系作为最基本的社会关系，认为它是社会关系的本质反映，从分析两性关系入手可以发现社会关系和社会制度的根源和本质，从而将社会性别理论变成强有力的政治、经济和社会文化的分析工具。

首先，社会性别揭示了两性关系的经济本质，认为作为基本社会关系的两性关系实质上是生产关系的反映。就像阶级、民族、国家等概念一样，社会性别关系是经济生活中两性在占有生产资料和劳动成果方面的不平等关系。这种不平等关系由于与阶级、民族、国家等多种关系相交叉重叠而长期处于人们的视线之外。其次，社会性别作为一种分析工具深入揭示了两性关系的政治本质，即“性别政治”。最后，社会性别理论还是一种新的社会文化分析工具，其独特之处在于从两性的角度看待社会性别关系是怎样在历史中被不断叙述和塑造的。社会性别理论在承认性别的生物性基础上，更加注重与此相伴而生的社会性。

案例分析

如今，在大学生就业过程中，性别歧视现象依然存在。有些用人单位在录用说明中明确规定只录用男性；有些用人单位不写明招收人员的性别，但以种种理由拒招女性；有些用人单位提高录用女性的标准；有些用人单位对女性的要求近乎苛刻，对女性提出了除职业要求外的一些额外要求，如身高、体重、容貌的要求，甚至还在有无恋爱经历上做文章的；还有些用人单位在劳动合同中限制女性的基本权利。在就业过程中，即使有女性能够过关斩将通过面试，有些用人单位在签约时还会规定三五年内不得结婚或生育。

由分析可知，性别歧视现象仍然存在。虽然今天已进入知识经济的时代，法律也明文规定男女平等，但是这种社会偏见和性别歧视依然存在。因此，作为新时代接班人的大学生应该改变传统性别观念，树立平等意识。消除传统文化中关于女性固有的“角色”定位的刻板印象，倡导平等的性别文化，推动树立男女平等的社会风气，从思想意识的根源上消灭对女性的歧视。在媒体宣传方面，抵制带有性别歧视和不良性别导向的宣传。

知识回顾

本章首先对社会性别的概念进行了介绍，具体包括生物性别、社会性别、性别角色社会化；其次，讲解了关于社会性别平等和社会性别公正的内容；再次，提出了社会性别理论的意义；最后，介绍了社会性别理论的发展历程。

想一想

谈谈你对社会性别概念的理解和看法。

第八章 性健康教育与性心理健康教育

本章导读

加强大学生性健康教育，目的在于帮助大学生应对和解决自己在性发育过程中存在的困扰、异常。此外，性健康与性心理教育还能帮助大学生建立积极的性价值体系，以科学的态度认识和理解自身的性生理、性心理的发展变化，正确调控自己的性心理，培养良好的性别角色认同，促进大学生身心健康发展。

学习目标

◎ 熟悉大学生性健康教育的功能、原则和途径。
◎ 理解大学生的性心理特征。
◎ 掌握大学生性心理调适的方法。

情境导入

《2019—2020全国大学生性与生殖健康调查报告》于2020年5月发布。这是我国目前关于大学生性与生殖健康样本量最大、数据最详实的一份报告，内容涵盖了大学生性与生殖健康的各个方面，较为全面地评估了新时期中国大学生性与生殖健康现状。报告显示，新一代年轻人性观念更加开放、婚前性行为比例不断上升。对于正处在性活跃期的青年个体来说，在自愿、安全并且不伤害他人的前提下，多样的性实践是自然的，应该受到社会的包容。希望通过性教育的普及，让"性"成为一个积极、正面的话题，让晦涩、黑暗、伤痛的"性"经历能少一些。普及性教育，要从此刻做起，从你我做起。

第一节 性健康教育的功能

教育是通过传道授业，帮助受教育者了解自我、接纳自我、发展自我，并解决学习、生活中遇到困难的方法。性健康教育的具体功能如下。

（一）传授知识

向大学生传授科学的性健康知识，是性健康教育的首要功能。性健康教育不仅要针对大学生开展知识传授，还应对家长、教师、社区工作者及与大学生工作相关的社会成员开展科学的性健康知识教育，让全体社会成员掌握性健康知识，用科学的知识、观念促进大学生健康发展。

（二）信息提供

大学生需要更广泛、充分的教育及与自身性成长相关的各类信息，教师必须及时提供各种大学生需要的性健康资讯，使大学生能在学习和生活中作出适当的选择与决定。信息提供的途径不仅有课堂，还有家庭、社区、媒体等多种渠道。

（三）咨询服务

咨询服务目前已经成为教育辅导工作的核心功能之一。通过语言沟通的方式，充分了解大学生在性成长中存在的困扰和需求，高校利用各种咨询理论与技术，为大学生提供专业的咨询服务，帮助大学生健康成长。

（四）辅导矫正

大学生在成长过程中，易由于性困扰而出现各类偏差问题。性健康教育的一个重要功能就是要及时发现相关问题并给予辅导矫正。针对大学生存在的各类性健康问题，拟订切实可行的辅导策略，为大学生提供改善性偏差的方案，通过团体辅导、个体辅导等多种方式，帮助大学生认识自我、矫正偏差，从而达到发展和完善人格的目的。

（五）疾病治疗

性生理疾病、性心理疾病是严重影响大学生性健康的两大顽敌，因此，性健康教育的一个重要功能就是提供疾病治疗服务。专业的医学工作者和心理咨询工作者能为大学生提供相应的治疗，使大学生逐渐摆脱疾病困扰，重新获得身心健康。

（六）理论研究

我国大学生性健康教育处于起步阶段，在理论研究方面还存在较大的不足。因此，在教育实践中通过调查研究、借鉴国外先进经验、总结实践中的得失等方法，完善大学生性健康教育理论，建立健全大学生性健康教育体系，是进一步推动我国大学生性健康教育发展的基础工程。

第二节 性健康教育的原则和途径

一、性健康教育的原则

(一)一般性原则

1. 适宜

所谓适宜，就是对于不同年级、不同状况的大学生所教授的性健康教育内容应该有所区别。

2. 适时

所谓适时，就是要根据大学生身心发展的客观规律，在性生理和性心理发展的不同时期、不同阶段进行相应的性健康教育，不能过早，也不能过晚。

3. 适度

所谓适度，就是性健康教育的内容要根据大学生的特点及身心发展的阶段性，有选择地、有针对性地、有分寸地进行。教师要坚持严肃、科学的教育态度，一定要注意把握好教育内容和程度，切忌躲躲闪闪、吞吞吐吐，该讲的没有讲出来，那样会使大学生产生对性的神秘感。不分对象、不分场合、不分阶段，滥讲性知识，会失去性健康教育的严肃性和科学性，容易产生负面影响。

(二)重点性原则

为保证大学生性健康教育的良好效果，从大学生身心特征出发，在教育过程中应着重遵循以下几条原则。

1. 尊重原则

在性健康教育中，尊重大学生意味着对大学生的性生理、性心理、性观念的关注、理解和接纳，让大学生感受到平等、安全、温暖的氛围。对大学生的尊重主要体现在以下两个方面。

(1)尊重大学生的主体地位。目前，高校的性健康教育往往忽略了大学生在学习过程中的主体地位，多采用灌输、说教式教育方法，强调大学生在教育中的客体地位，教育效果较差。因此，在性健康教育活动中，应尊重大学生的主体地位，发挥大学生的主体作用，充分调动大学生的主动性和积极性。

(2)尊重大学生的个性特征。长期以来，我国的性健康教育都是统一要求、统一施教，束缚了大学生的个性发展。随着现代教育观念的进步，个性独立、自我统一的个体教育越来越受重视。因此，在立足大学生特点的基础上，应尊重大学生的差异性和自主性。

2. 真诚原则

真诚原则，就是要实事求是、真实表达、真诚沟通，强调教师在性健康教育过程中不仅应当好职业教师，还应表里如一、真诚地与大学生建立沟通关系。在实际工作中，一些教师过分注重自己的个人形象，强调在大学生面前维护自己的权威性和完美性，但缺少真诚，从而拉大了其与大学生的距离，影响性健康教育的效果。

3. 共情原则

共情是指教师能设身处地地理解大学生的内心世界，同时将这种理解有效地传达给大学生的过程。大学生在遇到性困惑的时候，常常会觉得难以启齿、孤立无援。如果教师能与之共情，不仅能让大学生觉得自己被理解，还能促使大学生有勇气向教师袒露内心的性困扰，从而帮助教师准确地掌握大学生的真实状况，找到符合大学生身心特征的教育辅导方法。此外，共情原则还强调教育者有效地“自我开放”，根据性健康教育的需要结合自身成长的性经验，与大学生共同分享，让大学生在共情中健康成长。

4. 客观原则

在性健康教育过程中，教师常常习惯以个人主观感受和经验来评判大学生的表现。在性健康教育过程中，教师要保持客观、中立的态度，对大学生出现的性困扰进行客观分析，并提出适宜的处理方法。

5. 保密原则

性健康教育是一项专业性很强的工作，由于教育过程中常常会涉及大学生在性方面的隐私，因此必须强调在教育辅导过程中，未经大学生本人同意，绝不泄露其个人隐私。如果教师在工作中忽略保密原则，有意或无意透露大学生的个人隐私，不仅会损害教师本身的形象，还有可能导致大学生因此出现应激性反应，危害大学生的身心健康。

当然，如果发现大学生的隐私存在相当的危险性(如可能危及他人或自己生命，以及涉及违法等行为)，教师应及时与相关部门和有关人员取得联系，及时采取保护措施。此外，由于教学和研究的需要，涉及实际工作中的大学生隐私信息，也必须全部隐去其中可以辨认出个人身份的内容。

二、性健康教育的途径

(一)家庭中的性健康教育

家庭是社会生活中最基本的单位。家庭中的性健康教育有着非常广泛的内容和重要的意义。

父母要正确引导大学生把主要精力用在学习上，正确对待两性交往，正确对待结交异性朋友，正确对待自慰等性行为。父母之间感情真挚融洽，能给大学生树立良好的榜样，使大学生热爱人生、热爱生活，正确对待性问题。从教育大学生的角度来看，家长也要学好性健康知识。

家长要帮助大学生提高辨别科学的性知识与色情制品的能力。这两者的不同点在于以下几个方面。

1. 目的不同

性教育可以帮助大学生认识自己和异性的性器官、性生理、性心理特性，建立符合科学、道德的性行为方式和两性关系，保持健康的性心理，以提高恋爱、婚姻质量为目的。色情制品则以宣传淫秽行为，挑动人们的性欲，并以各种方法和手段，甚至不惜违反伦理和法律来满足性享乐的欲望为目的。

2. 态度不同

性教育以科学严肃的态度讲解人的性生理、性器官，以及与性有关的疾病等，让大学生科学认识自己的身体，从而更好地爱护自己的身体。色情制品则以腐朽的人生观来看待性器官、性生理及两性关系，以不负责的态度挑逗人去满足自己的性需求。

3. 内容不同

性教育以人类遗传学、解剖学、生理学、医学心理学、社会医学、行为医学等为基本内容，是科学的知识和文明的规范。色情制品则往往宣扬的是不真实、不科学、不健康地获取性刺激的方式。

4. 效果不同

性教育打破性的神秘感，能使大学生在性知识、两性关系的处理上更加成熟，人格更趋完善，这种知识可以促进夫妻感情和谐、家庭幸福。色情制品则给人迷乱的性刺激，煽动不稳定的、无节制的性冲动，给社会造成不良影响。

（二）高校的性健康教育

利用课堂教学进行性健康教育是促使性教育科学化、系统化、规范化的重要途径。教育部门应该把性健康教育列为高校正式的教学课程。要根据不同年级大学生的特点、文化基础及心理接受能力，科学规划性健康教育的课程设置及课程内容，教学内容应该符合大学生生理、心理发展规律，符合我国国情。

大学生的理性思维已经成熟，根据这一特点，大学生的性健康教育应使他们能用科学的、理性的态度来对待性问题。大学生性健康教育的重点应该放在性心理、性道德和性法律上，要进行正确的恋爱观教育，使大学生能正确处理爱情与学业、事业的关系，把握正确的择偶标准，了解家庭婚姻的道德与法律知识，树立正确的人生观，为全面成才打好基础，也为建立幸福的家庭做好心理准备。

其他学科的教学内容中也可渗透性健康教育的内容，使大学生在潜移默化中接受教育。思想政治课中的人生观就包含了恋爱婚姻观的教育。文学课中对爱情题材作品的分析也蕴含了爱情观的教育。美学课中可以讲授人体美、性别美及恋爱、婚姻中的审美等。

高校的校园、班级和宿舍文化也要注意有健康文明、振奋精神、朝气蓬勃、积极向上的氛围，杜绝黄色书刊及音像制品在高校中传播。

（三）心理咨询中的性健康教育

由于性在人们心目中的隐秘性和羞耻性，再加上在我国相应的咨询机构很少，因而性相关问题常常给当事人造成很大的心理压力，带来很大的精神痛苦。在心理咨询中，针对来访者的具体情况，提供正确的性生理知识和性心理知识的指导与咨询，是性健康教育的一项重要内容，咨询员应具有较丰富的性生理和性心理知识，具有高尚的职业道德和熟练的咨询技巧。对于性功能障碍，要能够鉴别是由于生理因素引起的，还是心理因素引起的。若是生理性的疾病，要嘱其转往医院治疗；若是心理性问题，应给予心理治疗；若是两个方面的原因，则要结合治疗。咨询员要帮助大学生掌握科学的性知识，树立正确的性观念。对于心理变态行为，要注意与法律道德行为区分开。对于恋爱婚姻方面的性问题，主要应进行适当的性知识教育，给予恰当的指导。

（四）大众文化传播中的性健康教育

广播、电视、电影、展览、音乐、报纸、杂志等大众文化传播媒介对大学生的思想影响很大。学校应当充分利用这些传播媒介，宣传社会主义的精神文明，宣传科学的性健康知识，提升大学生的人格素养，确立大学生健康的性行为规范，树立其正确的性观念，从而提高大学生的心理健康水平。

第三节 性心理分析

一、性心理机能的发育

相较于其他生理系统，人体生殖系统的发育是最迟的，进入青春期后才开始发育，包括第一性征的发育、第二性征的出现和性机能的具备。第一性征是指与生俱来的两性生殖器官的特征，又称主性征。第二性征是青春期性发育的外部表现，如男女在身材、体态、相貌和声音等性别上的差异，又称副性征。

男性第二性征表现为肌肉发达，皮下脂肪较少，喉结突起，声音变粗，阴毛、腋毛先后出现，长胡须和出现遗精。开始遗精是男性发育成熟的重要特征之一，健康的男性进入青春期均会发生。相关调查显示，我国男性首次遗精的平均年龄是 13.85 岁。经过青春期性发育，男孩就逐渐长成健壮的男青年雏形。

女性第二性征表现为肌肉不太发达，皮下脂肪丰富，乳房隆起，声调变高，盆骨变宽，臀部变圆，月经初潮和阴毛、腋毛陆续出现。月经初潮是女性发育成熟的主要标志，初潮的出现，多半在身高增长速度下降后的半年到一年内。我国女性月经初潮的平均年龄是 12.55 岁。经过青春期的发育，女孩逐渐长成丰满的女青年雏形。

因此，从生理上看，青春期是性发展成熟的决定阶段。进入青春期后，性器官开始迅速发展，逐渐获得生殖机能。从第二性征的出现到青年中期(16～18 岁)，大学生已经能够体验到强烈的性冲动。随着性发育的逐渐成熟，越来越明确的性意识及性冲动会自然而然地产生。目前，我国在校高职高专学生的年龄一般为 18～24 岁，此时正处于青春期的尾声。在这一阶段，性的成熟与整个身体的发育虽已基本完成，但是性心理的发展并未成熟。

二、大学生性心理特征

在不同年龄段，大学生的性心理变化最大，大学生的性心理在某些方面带有一些校园文化的色彩。随着性心理的发展，大学生会出现一系列的性心理行为，如对性知识的兴趣和追求、对异性的爱慕、性欲望、性幻想、性冲动及性自慰等。具体地说，当今大学生性心理特征主要表现在以下几个方面。

(一)本能性与朦胧性并存

大学生尤其是年龄较小的大学生的性心理一般不具有深刻的社会内容，基本上还是一种由生理上的急剧变化带来的本能意识，他们常常在心中用自己童年、少年时期所经历、所见过的与性有关的现象来解释性秘密。他们对异性产生浓厚的兴趣、好感和爱慕，当心理要求得不到满足时，便借助影视图书和网络等，力图对性知识有明确、系统的了解。由于受传统伦理观念的影响，性的问题在我国一直被蒙上神秘的面纱，加上我国很少在高校中开展系统的性教育，大学生一直难以获得系统的、完整的、科学的性生理、性心理、性道德等方面的知识。因此，这种生理变化带来的性意识的萌动还披着一层朦胧的轻纱，而在朦胧纷乱的心理变化中，大学生的性意识将逐渐强烈并日趋成熟。

(二)性意识的强烈性与表现形式上的隐蔽性、文饰性并存

随着性机能的成熟，大学生的性欲望和性冲动会表现得更加强烈，这是身体发育中的正常生理和

心理现象。他们希望接近异性，迫切希望和异性交往，渴望得到最直接的性的生物性需求的满足。

大学生心理发展的一个显著特征是闭锁性与求理解性，这就导致其心理显示方式的文饰性。特别是性格内向、自卑感较强的女生在这方面表现得较为明显，她们十分重视自己在异性心目中的印象、评价，表面上虽常表现得不屑一顾，实际上却十分希望与异性接触。像这样心理上的需要与行为上拒绝的矛盾表现，易导致种种心理冲突和苦恼。

（三）压抑性和放纵性并存

大学生性机能的成熟使性的生物性需求更加强烈、迫切，时常伴有性梦、性幻想等行为，但大学生健全的性心理结构尚未完全确立，还没有形成稳定的、正确的道德观和恋爱观，对各种性现象、性行为的认知评价体系还不完善。由于受“性解放”“性自由”思想的影响，加上现实生活中五花八门的信息传播，大学生的性意识常受到错误的强化，他们自认为对性很了解，其实不然。对于性，尤其是健康的性心理、性与情的关系，很多大学生仍然知之甚少，甚至是少之又少。再加上性受社会性、道德性要求的约束，这些都使大学生性心理的发展处于多种矛盾的相互作用之中，并出现分化。一部分大学生对性冲动持否定、抵制的态度，采取压抑的方式；还有一部分大学生对性持无所谓或放纵的态度。网恋、一夜情等行为被部分大学生所接受，以致精神空虚、情趣低下，沉迷于谈情说爱，甚至发生性犯罪。

（四）性别上的差异性显著

大学生的性心理往往因性别不同而有所差异。在对异性的感情流露上，女生往往表现得含蓄和深沉，而男生常表现得较为外显和热烈；在内心体验上，女生常常是惊慌羞涩和不知所措，男生更多的是感觉新奇喜悦和神秘；在表达方式上，女生往往采取暗示的方式，男生则较为主动。此外，女生容易在听觉、触觉刺激下引起性兴奋，男生的性冲动则易被视觉刺激唤起。

另外，在性问题的困惑求助上，女生倾向于向母亲讨教或与最亲密的朋友交流；在对性知识的渴望程度上，承认有过性经验者选择“非常渴望”和“渴望”的比例，女生明显低于男生；在性观念的开放程度上，女生也明显低于男生，女生对婚前性行为、婚外恋较男生更加计较、更难包容。

思政元素

武汉大学“恋爱心理学”课程受到学生热捧

2021年的某天，武汉大学哲学学院心理学系教授、系主任、博士生导师喻丰在讲解“恋爱心理学”课程。当天，教室里座无虚席，后排都站满了人，实在挤不下的学生就在教室外踮起脚尖、趴在窗口旁听。“希望大家谈一场健康的恋爱，开始并且保持一段积极的关系”，这是喻丰开设讲座的初衷。同学们意外高涨的热情让喻丰感到惊喜，“这是对恋爱的渴望，是对心理学知识的渴求，当然也是对我个人的鼓励”。

课堂上，喻丰以爱情心理学的基本理论为主，结合谈恋爱的过程——寻找对象、开始恋爱、结束或者保持恋爱等，对同学们关注的问题逐层解答，一层层地揭开“爱情”的神秘面纱。“白壁微瑕的艺术”“关系的末日四骑士”“恋爱地图”……层出不穷的新鲜名词搭配逗趣好玩的图像，幽默风趣的风格辅以科学有据的知识，喻丰用各种元素的巧妙混搭燃起了大学生的热情。不少专家表示，高校开设恋爱课程，可以帮助大学生树立正确的恋爱观念，引导大学生解决一些恋爱中出现的问题和困扰，从而帮助大学生更好地处理学业和爱情的关系。

（资料来源：人民网，2021年10月20日，有改动）

第四节 性心理调适及教育

一、重视性知识的学习

大学生对于性知识的了解往往通过自己看书或与朋友聊天等渠道，所获取的与性相关的信息未必完全正确。许多事例表明，性知识的多少与文化程度并不成正比关系，在大学生中，缺少性教育知识不是个别现象，许多困扰大学生的问题都源于对性的愚昧无知。因此，对大学生开展性教育很有必要。

大学生性教育的内容主要包括性生理学、性心理学、性伦理学、性社会学、性美学及有关法治教育。大学生应通过相关学习建立积极的性价值体系，以高度的责任感选择性伦理，建立符合道德规范的性价值体系；培养健康的性观念，以科学的态度认识和理解自身的性生理、性心理的发展变化，学会承担自己的性别责任，正确调控自己的性心理；发展良好的性别角色认同，以积极的态度接受自己的性别角色，消除“性无知”和“性解放”的不良思想，发展新时代的性别角色模式；学习发展良好的人际交往，包括异性交往技能等。

二、加强自我调适

人是有思想、情感和意志的，人的性爱不仅以性生理的本能需求为基础，而且追求两性之间在精神上的结合，这种结合不仅体现着两个人之间思想情感和意愿的一致，而且也体现着社会对繁衍后代和促进人类发展的期望与要求。因此，性爱不仅是高尚和健康的，而且是可以控制的。

（一）合理地控制和宣泄性冲动

大学生的性冲动并不一定强烈到要用性行为来解决，可以通过适当的方法对其进行合理控制。例如，通过积极参加集体活动，如参加各种社团活动、体能和艺术的竞赛、野外活动等，有助于个体宣泄多余的能量，获得生理和心理的放松，同时也能降低其对性问题的注意力。又如，通过建立正常的异性交往关系，可促进心理发展成熟。有研究表明，正常的异性交往和进一步的恋爱对大学生来说是最佳的释放性能量的途径。

（二）科学地对待自慰、白日梦和性梦

对于自慰，有人把它当成性倒错；有人认为它会使身体受损而导致疾病；有人认为它会严重影响婚后性行为。其实，自慰是处于性饥饿状态的青年人最普遍的性发泄方式。适度自慰既不会导致生理上的不良，也不会引起心理危机。因此，大学生不必因为自慰而自责。但自慰过度会引起性欲增强，使性冲动频率加快加重，反而达不到原来释放的目的。控制自慰的办法是用别的方式来代替它发泄性冲动，如正常的异性交往、体育活动等。白日梦和性梦是大学生较为普遍的心理现象，因此，对于白日梦和性梦也不必担心。

大学生要树立正确的人生观、世界观，培养远大的理想，因为有了正确的人生观、世界观和远大的理想就可以使自己明确奋斗的目的和方向，并通过积极的行动实现所确立的目标。在这个过程中，性心理的欲望及其带来的困扰就成为大学生个人生活中的一个小插曲，并会随着自己的成长而变得理

性和成熟。当然，不应将性心理的欲望看成是实现理想的绊脚石，而应该顺其自然，即使有一些性幻想和其他性心理表现，也不必惊慌，只要认识到这是正常反应并加以适当疏导即可。

（三）严肃对待婚前性行为

能够对婚前性行为起制约作用的应该是大学生自己的内心信念和道德标准。爱情是对性的最伟大的感召，相爱必然会产生相互体贴和相互尊重，尊重对方发生性行为的意愿和顾虑，以及对他人的责任感，这些是对婚前性行为最核心的制约因素。大学生应当明确个人性行为给他人、自我和社会带来的影响，要增强自己的性道德和性法律意识，用道德和法律规范约束自己的性行为。

拓展阅读

穿衣不当，影响性健康

每个人都希望把自己打扮得漂漂亮亮，以良好形象示人。但很多人不知道的是，有些漂亮、性感的服装会影响性健康。

在生活中，许多年轻男女喜欢紧身的内衣裤，以使自身的曲线更优美。这样本无可厚非，但有时却要以损害健康为代价。因为又紧又小的内裤，不仅容易让人感到不适，由于不透气，还有可能引起一些皮肤疾病。对男性而言，过紧的内裤影响则更大。首先，它会给生殖系统造成压迫，阻碍生殖器官的发育。其次，由于睾丸的温度通常比体温要低 1～2℃，紧身的内裤会让睾丸的温度升高，从而影响精子的活力和质量，甚至导致生育能力下降。因此，无论男女，平时都应该选择型号适宜、纯棉、透气的内裤，女性最好不要选择蕾丝花边较多的款式。同时，内裤裤脚处要尽量宽松，不能有松紧带等，以免压迫生殖器周围的皮肤，影响局部的血液循环。

每逢夏天，有些年轻女性特别钟爱露脐装或透视装。但应该注意的是，脐部的表皮角质层比较薄嫩，而且，夏季气温变化大，早晚寒凉，加上现在多数工作场所都装有空调，穿露脐装容易受寒。若赶上月经期，女性自身免疫力下降，肚脐再受凉，时间长了很容易引起痛经、经期延长、月经不调等妇科病。因此，女性朋友最好在办公室准备一件外套，避免受凉。

女性选择一件合适的内衣也非常重要。若内衣过紧的话，会影响乳房及周围血液循环；若内衣过松，则无法起到承托乳房的作用。女性可以多买几件不同型号的内衣，比如月经前后乳房会有些肿胀，就可以穿型号较大的内衣；到了夏天，一般体重都会有所减轻，乳房也可能相应变小，则可以穿型号小一些的内衣。

案例分析

“原味产品”交易引深思

“你平时穿过的袜子，能卖给我吗？棉袜、丝袜都行，要那种没洗的……”2016 年 6 月 11 日，22 岁的某高校女生思思收到了陌生男网友的奇怪请求，对方向她求购“原味袜子”。“他拿女生穿过的袜子做什么？”思思对此难以理解，便在微博上发布了此事。让她没想到的是，不少女孩纷纷留言，讲述了类似的遭遇。

律师：法律虽未明文禁止，但常有违法行为相伴

求购“原味产品”的行为，是否合法呢？对此，辽宁某律师事务所刘律师表示，法律上对此种行为没有明文禁止，但是在现实中，“原味产品”与违法行为常常相伴。“原味产品”属于二手商品，其销售行为应符合国家相关法律法规的要求。一些卖家为吸引顾客，以涉黄为噱头突破法律底线，实在是不应该。例如，有的卖家在销售“原味产品”时，实际上也进行卖淫活动；在网络直播室中，有的女主播声称打赏达到一定金额，即可当众脱下内衣予以赠送。刘律师认为，经营者在网上进行非法交易应承担相应的法律责任。同时，对于一些发布低俗、色情信息的平台和个人，有关部门也要采取相应措施加强整顿和监管。

心理学者：求购者多患有“恋物癖”

对此，心理专家赵小明认为，求购“原味内衣、丝袜”的人员，多数是恋物癖患者。

恋物癖的形成原因，可以分成两个流派。

第一种是精神分析流派。孩子小的时候，会对父母形成一种依恋关系。但是，如果父母工作很忙、疏于情感沟通，孩子可能会寻找一个物品来替代父母能够带给他的一切，包括安全感、依恋的情感等。对物品的依赖，慢慢地变成了对物品的一种性欲化、情欲化的转换，最终形成了恋物癖。

第二种是行为主义流派。可能源于儿童的习得性反应。比如，在儿童的生活圈里，其他人有类似的行为，孩子在模仿时，也许他不会完全模仿跟大人一模一样的怪癖，但在持续影响下会形成自己独特的怪癖。

恋物癖患者应尽早治疗避免违法犯罪

研究发现，不少恋物癖患者只能通过物品的刺激才能产生兴奋和快感。一些人成年结婚后，对夫妻生活不感兴趣，反而对某些物品特别关注。恋物癖患者应尽早接受治疗，通过长期的心理咨询慢慢地调整认知和情感模型。

社会、媒体、大众要了解这种疾病的形成原因，不要以猎奇甚至是歧视的态度来对待恋物癖患者，为患者的康复和治疗提供良好的社会环境。

知识回顾

本章首先介绍了性健康教育的功能及原则，具体阐述了性健康教育应遵循的途径，随后分析了大学生的性心理特征，最后介绍了大学生应该如何进行性心理调适。

想一想

1. 简述性健康教育的功能及原则。
2. 性健康教育的意义是什么？
3. 性心理是如何发展的？大学生的性心理特征有哪些？
4. 青少年应如何进行性心理调适？

思政园地 ★

无臂学霸分享爱情故事走红

近日，一位“90后”无臂小伙分享爱情故事的视频在网络走红。这位无臂小伙叫杨孟衡，1990年出生，曾是一名残疾人运动员，退役后他重返校园，靠着不屈的毅力开启“学霸”之路，后赴英国剑桥大学攻读硕士。妻子杨楠陪着他一起出国，在妻子的照顾下，杨孟衡一边学习、一边创业。谈到丈夫，杨楠表示，两人在一起生活很自在，他不仅是爱人，也是朋友，还是同事，“他会带着我成长，我也会陪他去尝试新的生活。我们一起经历了很多事情，有幸福时刻也有艰难时期，我们一直在一起，互相鼓励”。

6岁时意外失去双臂——曾为运动员，后因受伤遗憾退役

6岁时，杨孟衡被高压电击伤导致高位截肢，失去双臂，这让他的生活发生了巨大的改变。对于普通人而言极其简单的一件小事，他却要付出十倍、百倍的努力。

父母悲痛之余，也考虑为儿子的未来寻找出路。他们了解到有一个与儿子有类似情况的人靠书法谋生后，决定让儿子也练习书法。对当时的杨孟衡来说，练习用脚写字十分辛苦，脚趾常常磨出血泡。他无数次想放弃，但是母亲一直陪伴着他。为了激励儿子，她甚至以身作则，自己也用脚夹起了笔练习写字。“时常练得脚上都是血泡，在母亲的鼓励下，我坚持了下去，三个月后，我学会了用脚写字，母亲也学会了。”杨孟衡说。

“在我10岁的时候，有教练来到我们县城里挑选运动员，我的身体素质还行，就被教练选中了。”刚开始，杨孟衡一边训练、一边上学。2005年，初中毕业的他全身心地投入到训练中。起初，杨孟衡主要练习田径，但由于他的身体条件在残疾人田径比赛分级中并不占优势，便转为练游泳。为了能够争取到参加2008年北京残奥会的资格，他开始废寝忘食地训练。2007年5月，杨孟衡参加了第七届全国残疾人运动会，尽管他坚持比完赛，但因当时带着伤，仅获得全国第六的成绩，冠军梦并未实现。之后，他的右脚伤势变得更为严重，他最终遗憾退役。

退役后重返校园拼命学习——以优异成绩考上大学

2007年9月，杨孟衡阔别学校两年后再次回到教室，起初他并不适应学习生活，在经历了一段时间的迷茫后，他开始全身心地投入到学习中。“以前练游泳的时候，每一个划水的动作都要练习上万次，把这种劲头放到做题上来，又有什么难呢?”杨孟衡说。

杨孟衡抱着“学到一点赚一点”的心态学习，“努力把每个知识点搞清楚，不懂的就反复钻研，有时候一个晚上就解一道数学题”。

在老师和同学们的帮助下，杨孟衡的学习成绩渐渐提高，高一学期末的考试，就已经位居班级前列，“好像忽然找到了学习的窍门儿一样，之后我的状态越来越好，直至毕业，我的成绩一直名列前茅，我还参加了各种科目的竞赛，获得了好几次一等奖”。

2010年，杨孟衡以594分的高考成绩拿到了云南省昆明市宜良县文科第一名，并进入云南省文科前60名，被中山大学翻译学院录取。

一路开启学霸模式——在妻子的陪伴下心无旁骛地学习

2014年，杨孟衡从中山大学毕业后保研至云南大学外国语学院攻读硕士研究生。从云南大学毕业后的杨孟衡，选择出国留学，“我是学英语专业的，一定要想办法去英语母语国家体验一下”。

在大学期间，杨孟衡和高中时候的同班同学杨楠相恋。两人大三时开始恋爱，杨孟衡在奔赴英国剑桥大学读研之前，和杨楠领证结婚。2016 年 8 月，杨孟衡如愿赴英国剑桥大学求学，攻读教育学硕士学位。在英国读研的时间里，他的日常生活都是由妻子照料。杨孟衡说："妻子为我解决了后顾之忧，一直无条件地信任我、支持我，让我能够心无旁骛地学习。"

2017 年 10 月，杨孟衡顺利获得剑桥大学硕士学位。"如果只用一个词来形容他的话，那就是阳光，他如同阳光一样温暖、明亮，充满希望。"谈到丈夫杨孟衡，杨楠如是说。杨楠在本科毕业后进入金融行业工作，在知道丈夫有出国留学的打算后，她辞掉工作，陪着丈夫一起出国。

杨楠表示，她和丈夫在一起生活很自在，他们不仅是爱人，也是朋友，还是同事，"我们一起经历了很多事情，他会带着我成长，遇到风雨，我们也会互相陪伴、互相鼓励"。

发视频分享爱情故事——想让大学生树立正确的恋爱观

杨孟衡因为分享自己和妻子的爱情故事引起很多人关注。在视频里，他讲述了和妻子相识、相恋的过程，还谈了自己恋爱后的感受。他表示，发视频一方面是想记录自己和妻子的恋爱经历，另一方面也想在开学季为新生树立正确的恋爱观贡献一份自己的力量。

"我觉得在大学时代能够谈恋爱是特别好的事情，因为我们都需要拥有爱别人的能力。"当然，杨孟衡也认为，如果没有缘分或者机会谈一场恋爱，也没有什么遗憾的，"爱情虽然很重要，但是同样还有很多其他重要的事情。当我们把自己变得足够好了，那个人就会出现"。

2020 年，杨孟衡创立了"孟衡学习社"，希望利用自己的优势和所学，帮助更多的年轻人实现梦想。这个世界上没有一帆风顺的人生，总会有挫折和坎坷，或大或小。正如杨孟衡所说："生活很多时候就是这个样子，变故、困境来临的时候，我们甚至都没有时间去伤心难过，因为生活还要继续，所以突破困境最好的办法就是勇敢直面、继续努力。"

（资料来源：《扬子晚报》，2021 年 10 月 9 日，有改动）

讨论：

1. 从杨孟衡的恋爱故事中，你得到了什么启示？
2. 谈谈你自己的恋爱观。

第四部分 艾滋病

第九章 艾滋病的基础知识

本章导读

艾滋病于1981年在美国首次被确认。其分为两型：HIV-1型和HIV-2型，是人体感染了“人类免疫缺陷病毒”(HIV)所导致的传染病。本章对艾滋病进行概述，介绍艾滋病的历史与现状，简述艾滋病治疗和预防的基本措施，论述应如何面向大学生开展预防艾滋病教育。艾滋病的易传染性提醒着人们须时刻保持警惕，做到洁身自好，从而从根源上切断病毒的传播。

学习目标

◎ 了解艾滋病的基础知识。

◎ 了解开展预防艾滋病教育的方法和措施。

情境导入

王某多年前为摆脱贫穷，只身到外闯荡，并加入了非法卖血的行列。在一次卖血中，王某感染了艾滋病病毒，但他并不知道。在外靠卖血挣了一些钱后，王某回到家乡，娶妻生子。2000年，一次偶然患上的“感冒”使王某被检查出患有艾滋病。尤为可怕的是，由于对自己身患艾滋病毫不知情，王某早已把艾滋病病毒传染给了妻子，他的妻子又通过母婴传染将艾滋病病毒传给了儿子。当这一切全部明了时，王某已经来不及治疗，很快便撒手人寰。由于对艾滋病的无知，导致一家三口相继感染，这是一个惨痛的悲剧。为了避免这种情况的发生，学习艾滋病的基本知识是十分必要的。

第一节 什么是艾滋病

一、艾滋病的定义

艾滋病，即获得性免疫缺陷综合征，是英语缩写 AIDS(Acquired Immune Deficiency Syndrome)的音译。艾滋病是一种人畜共患疾病，由感染 HIV 引起的。HIV 是一种能攻击人体免疫系统的病毒，它把人体免疫系统中最重要的 CD4+T 淋巴细胞作为攻击目标，大量破坏 CD4+T 淋巴细胞，导致高致命性的内衰竭。这种病毒破坏人的免疫平衡，使人体成为各种疾病的载体。HIV 本身并不会引发任何疾病，而是当 HIV 破坏免疫系统后，人体会由于抵抗力过低，丧失复制免疫细胞的机会而感染其他的疾病，导致各种疾病复合感染而死亡。HIV 在人体内的潜伏期平均为 8～9 年，在发展成艾滋病病人以前，艾滋病病人从外表看上去是正常的，他们可以没有任何症状地生活和工作很多年。因此，值得注意的是艾滋病病人与艾滋病病毒感染者(以下简称 HIV 感染者)是两个不同的概念，只有处于艾滋病期(包括前期与典型期)的 HIV 感染者才被称为艾滋病病人。

二、艾滋病的临床表现症状

艾滋病的临床表现症状有多种，一般初期的症状像流感，如全身疲劳无力、食欲减退、发热、体重减轻等；随着病情的加重，症状逐渐增多，如皮肤、黏膜出现白念珠菌感染、单纯疱疹、带状疱疹、紫癜、血肿、血疱、滞血斑，皮肤容易损伤，伤后出血不止等；以后渐渐侵犯内脏器官，不断出现原因不明的持续性发热，可长达 3～4 个月；还可出现咳嗽、气短、持续性腹泻、便血、肝脾肿大，并发恶性肿瘤、呼吸困难等。由于艾滋病的症状复杂多变，每个艾滋病病人并非上述所有症状全都会出现。对受损器官而言，如 HIV 侵犯肺部时常会出现呼吸困难、胸痛、咳嗽等；如 HIV 侵犯胃肠可引起持续性腹泻、腹痛、消瘦无力等；如 HIV 侵犯血管可引起内膜炎，血小板减少等。感染 HIV 的主要症状如下：

(1)一般性症状：持续发烧、虚弱、盗汗、全身浅表淋巴结肿大，在 3 个月内体重的下降幅度可达 10%～40%，艾滋病病人消瘦特别明显。

(2)呼吸道症状：长期咳嗽、胸痛、呼吸困难，严重时痰中带血。

(3)消化道症状：食欲下降、厌食、恶心、呕吐、腹泻，严重时可便血。通常用于治疗消化道感染的药物对这种腹泻无效。

(4)神经系统症状：头晕、头痛、反应迟钝、智力减退、精神异常、惊厥、偏瘫、痴呆等。

(5)皮肤和黏膜损害：弥漫性丘疹、带状疱疹、口腔和咽部黏膜炎症及溃烂。

(6)肿瘤：可出现多种恶性肿瘤，位于体表的卡波西肉瘤可见红色或紫红色的斑疹、丘疹和浸润性肿块。

三、艾滋病的四个时期及其临床症状

(一)急性感染期及其临床症状

急性感染期是 HIV 侵袭人体后对机体的刺激所引起的反应时期，“窗口期”(指从 HIV 进入人体到血液中产生足量的、能用检测方法查出HIV抗体的时期)也在这段时间。急性感染期的症状主要有发热、皮疹、淋巴结肿大,还会出现乏力、出汗、恶心、呕吐、腹泻、咽炎等症状。有的还会出现急性无菌性脑膜炎,表现为头痛、神经性症状和脑膜刺激征。末梢血检查,白细胞总数正常或淋巴细胞减少、单核细胞增加。急性感染期期间,症状通常较轻微,容易被忽略。当这种发热等周身不适症状出现后5周左右,血清HIV抗体可呈阳性反应。此后,临床上将出现一个长短不等的、相对健康的、无症状的潜伏期。

(二)潜伏期及其临床症状

潜伏期指的是从感染HIV开始到出现艾滋病临床症状和体征的时间。在潜伏期内,HIV感染者可能没有任何临床症状,但潜伏期不是静止期,更不是安全期,病毒在持续繁殖,具有强烈的破坏作用。目前,学者普遍认为艾滋病的平均潜伏期是2~10年。这给早期发现艾滋病病人及预防造成了很大的困难。

(三)艾滋病前期及其临床症状

艾滋病前期是指潜伏期后开始出现与艾滋病有关的症状和体征,直至发展成典型艾滋病的一段时间。这个时期,艾滋病病人已具备了艾滋病的最基本特点,即细胞免疫缺陷,只是症状较轻而已。这一时期的主要症状有淋巴结肿大、全身不适、肌肉疼痛,艾滋病病人经常会出现各种特殊性或复发性的非致命性感染。

(四)典型艾滋病期及其临床症状

典型艾滋病期是艾滋病病毒感染的最终阶段。此时期具有三个基本特点:严重的细胞免疫缺陷;发生各种致命性、机会性感染;发生各种恶性肿瘤。到了艾滋病终期,人体免疫功能全面崩溃,艾滋病病人会出现各种严重的综合病症,直至死亡。

四、艾滋病的传播途径

艾滋病病人和HIV感染者是艾滋病的传染源。从感染HIV到死亡的整个过程中,HIV感染者,无论是否发病,都可以通过体液交换方式传染给他人。已发病的艾滋病病人作为艾滋病传染源的意义相对较小,一方面,因为HIV感染者一旦发病,其性活动等行为的能力便会下降;另一方面,多数人在诊断为艾滋病后,如果得不到治疗,发病到死亡的时期很短,得到治疗后,作为传染源的作用也会下降。因此,无症状的HIV感染者是艾滋病最重要的传染源:一是HIV感染者没有症状,如果没有做病毒抗体检查,他人和本人都无法知道,在性生活过程中不会采取防范措施;二是无症状潜伏期相当长;三是绝大多数HIV感染者是青壮年,处在性活跃期,流动性大。

HIV传播必须同时具备三个条件:一是有足够量的病毒从HIV感染者体内排出;二是排出的病毒能通过一定方式从一个人传给另一个人;三是足量的病毒能通过接触者破损的皮肤或黏膜进入人体内。

(一)性传播

性行为是HIV最常见的传播途径。在没有采取保护措施的前提下,与HIV感染者发生性行为,并伴有体液的交换，是 HIV 的主要传播方式之一。目前，全球 2/3 以上的 HIV 感染者是通过性接触而感染的。

不仅性行为对艾滋病流行有着较大影响，而且性伴侣的数量、性伴侣的地区分布、性伴侣中有无静脉吸毒者或双性恋、性行为的频率以及安全套使用等情况都对 HIV 的传播有显著影响。在不同的地区，起主导传播作用的性行为方式也有所不同。例如，在美国洛杉矶地区，同性恋之间的性行为是 HIV 的主要传播途径；在佛罗里达州，异性性行为是 HIV 的主要传播途径。在我国，通过性途径感染 HIV 的比例和数量也在逐年上升。

（二）血液传播

经血液途径传播也是 HIV 感染的主要传播方式之一。HIV 通过血液传播的主要方式有输入带病毒的血液或血制品，使用被携带病毒的血液污染的针头、注射器。在非洲，血液传播是艾滋病第二位的传播方式，如非洲儿童艾滋病病人中有很多与输血有关。经血液传播而感染的概率与血液中病毒的含量相关，是传播 HIV 效率最高的传播方式，大多数输入含有 HIV 血液的人会感染艾滋病。静脉注射吸毒者在共用未消毒或消毒不完全的针具时，可以将 HIV 从感染者传给未感染者。

静脉注射传播途径通常在一个地区的流行早期起着重要作用。在美国纽约，静脉注射吸毒是当地 HIV 传播的主要途径。在我国云南、广西、广东等地，HIV 的感染也是以这一传播途径为主。在非洲以及其他一些发展中国家，因医疗设备欠缺，注射器的消毒不能保证，医源性的注射器传播艾滋病病毒也较常见。

如果受血病人输入了 HIV 感染者的血液，那么受血病人就会感染。在日本，因输血而造成的艾滋病病例占总报告病例的绝大多数。在艾滋病流行早期，不少国家发生过临床输血感染艾滋病的病例。

（三）母婴传播

如果母亲是 HIV 感染者，那么她很有可能会在怀孕、分娩过程中或是通过母乳喂养使自己的孩子受到感染，故 HIV 感染者已生育的应禁止母乳喂养。

五、艾滋病的易感人群

(1)男性同性恋者(包括双性恋者)是艾滋病的高危人群，但同性恋不等于有艾滋病。

(2)吸毒者经静脉注射毒品成瘾的占全部艾滋病病例的 15%～17%，主要是因为吸毒过程中常反复使用未经消毒或消毒不彻底的注射器、针头，其中若有被 HIV 污染的注射器具就会造成艾滋病在吸毒者中的流行和传播，这使吸毒者成为艾滋病易感人群。

(3)血友病病人也是艾滋病易感人群，在所有艾滋病病人中，因血友病而间接感染 HIV 的占 1% 左右。

(4)接受输血或血液制品者。除抗血友病制剂外，其他血液与血液制品(浓缩血细胞、血小板、冷冻新鲜血浆)的输注也与艾滋病的传播有关。不过因为现在全世界已经认识到了这个问题，所以因输血而感染 HIV 的概率也越来越小。

(5)与高危人群有性关系者也是艾滋病易感人群。

从理论上来说，任何人群都易感染艾滋病，但真正的艾滋病易感人群主要为上述五类人群。从年龄上，虽然艾滋病可发生于任何年龄阶段，但是事实说明，90%以上发生于50岁以下的人群，而其中又主要发生在两个年龄组，即20～40岁的成人组和婴幼儿组。由于患有艾滋病的母亲也可通过胎盘、产道、乳汁将HIV传播给婴幼儿，因此患有艾滋病的妇女所生的孩子也是艾滋病的易感者。

第二节 开展预防艾滋病教育的方法和措施

自1985年我国首次报告艾滋病病例以来，我国政府高度重视艾滋病的防治工作，先后出台了一系列政策性文件。

1998年，国务院专门下发的《中国预防与控制艾滋病中长期规划(1998—2010年)》，对高校预防艾滋病教育问题提出了具体的工作目标，各高校都将预防艾滋病教育工作纳入学校重要议事日程，加强领导，统筹规划。

2004年，《教育部关于贯彻落实〈国务院关于切实加强艾滋病防治工作的通知〉的意见》又进一步强调了各级大中专院校建立健全艾滋病预防机制的重要性。2006年和2012年，国务院分别制订了《中国遏制与防治艾滋病行动计划(2006—2010年)》《中国遏制与防治艾滋病“十二五”行动计划》。2017年，国务院办公厅印发的《中国遏制与防治艾滋病“十三五”行动计划》进一步部署各级学校预防艾滋病教育的具体工作指标、行动措施与保障措施，为不断完善各类学校艾滋病预防机制提供了有力的政策支撑。

一、建立学校艾滋病预防机制

成立以学校领导为组长，以包括卫生防疫部门在内的相关部门领导为成员的“学校艾滋病预防与控制领导小组”，负责制定本校“艾滋病预防与控制中长期规划”，审定学校卫生防疫部门制订的“年度艾滋病预防与控制工作计划”。

制定相应的配套政策，依靠社会各界的支持，调动广大师生积极参与防治艾滋病教育活动，把预防与控制艾滋病的教育纳入日常教学计划中，确保学校防治艾滋病教育长期得以科学化、规范化执行。

加强与当地疾病预防控制中心的联系，使学校艾滋病预防工作长期得到他们的帮助和支持，时刻掌握校内艾滋病疫情防治情况，持续完善疫情报告制度。

二、将预防艾滋病的教育纳入学校教学工作计划中

通过课堂教学，教师向学生传授预防艾滋病的相关知识，增强学生的自我保护意识。将预防艾滋病教育和其他教育相结合，把预防艾滋病教育与生殖健康知识、性道德观教育等有机结合起来，将课堂内教学与课堂外活动结合起来，对多种教育教学活动进行统筹安排，发挥综合效应。注重防治艾滋病教育的教学质量和教学效果，采取问卷调查和试卷测试等形式，不断提高学生对预防艾滋病知识的知晓率。设专人分管预防艾滋病教育工作，积极主动开展预防艾滋病教育教学研究活动。

三、加强预防艾滋病教育师资队伍的培养

教师的知识、态度、观念和性道德都会直接影响预防艾滋病教育的效果。目前，许多参与预防艾滋病教育的教师本身并不太了解艾滋病防治的基础知识，难以胜任预防艾滋病教育的教学任务。因此，要加强健康教育教师相关专业知识的培训。

四、有计划地举行健康教育专题讲座

学校应面向全体师生举办健康教育专题讲座，内容主要包括：艾滋病在全球及我国的流行现状、趋势及其对个人、家庭和社会的危害；国家相关的预防与控制政策；在学校开展预防艾滋病教育的重要性、必要性、迫切性及可行性探讨；关于艾滋病的基本知识、传播途径、非传播途径、对待艾滋病的态度、预防措施等。同时，对工会、团委等相关部门提出要求，将预防艾滋病教育与青春期性教育结合起来，把青春期性教育作为预防艾滋病教育的前提，针对性行为在大学生中存在的现实性，加强性道德教育，开展安全性行为教育等。通过这些讲座及各种教育活动，进一步提高大学生的自我保护意识。

五、发挥大众传播媒介在预防艾滋病教育活动中的作用

大众传播媒介一直是在我国学生中进行艾滋病预防宣传教育的主要载体，除了充分利用广播、电视、报纸、杂志、黑板报等传统媒体外，互联网在教育中的作用已越来越重要。有调查显示，20 世纪 90 年代初，大学生性知识的主要来源是医学卫生书籍、报纸、杂志等，而进入 21 世纪以来，大学生从互联网上获得性知识的比例明显升高。因此，学校必须加强校园网络的建设与管理，充实预防艾滋病教育的内容，坚持对大学生进行正面教育和引导。另外，通过网络、电视讲座、健康热线、宣传册、宣传海报、健康教育处方、世界艾滋病日等进行一系列宣传活动，将对大学生预防艾滋病起到积极推动作用。

六、发挥大学生的生力军作用

各学校可动员和组织大学生利用寒暑假，回到家庭所在地开展预防艾滋病宣传的社会实践活动，使这项活动面向基层，走进千家万户，这是一种投入小、社会效益大的公益行为。在大学生中持之以恒地开展预防艾滋病教育，能充分发挥大学生在疾病预防控制工作中的作用，为我国防控艾滋病的流行作出积极贡献。

另外，在校内开展探讨性与生殖健康问题及预防艾滋病的教育活动中，实施以大学生参与为主的互动式教学方式：一是大学生以自由发言、提出问题、分析案例、解决问题为主线，开展自我教育和同伴教育活动；二是由校团委、学生会牵头，举办与预防艾滋病相关的专题班会、专题知识竞赛等参与性强的教育活动。这些活动能充分调动广大大学生参与健康教育活动的积极性，从而培养与增强大学生预防艾滋病的意识，促使大学生在日常生活中养成预防艾滋病的良好习惯。

七、调动社会各方面力量，共同开展预防艾滋病工作

大学生不仅需要掌握预防艾滋病的知识和技能，更需要有助于巩固知识和技能的环境，社会和家庭的作用举足轻重。在学校开展预防艾滋病专题教育，可以提升大学生对所学知识的理解程度。有调查显示，大学生同家长或家庭中其他成员谈过艾滋病问题的比例为46%，同朋友谈论的比例为48.7%。因此，构建以学校为中心，家庭、社会同时参与的预防艾滋病的教育体系，具有重要的现实意义。

思政元素

"美好青春我做主"2023年红丝带青春校园行活动在海南外国语职业学院举行

为贯彻落实国家十部委《遏制艾滋病传播实施方案(2019—2022年)》、教育部和国家卫生健康委《关于切实加强新时代学校预防艾滋病教育工作的通知》等有关文件精神，切实加强高校艾滋病与性病防治健康教育，营造学校预防艾滋病教育的良好氛围，12月18日，"美好青春我做主"红丝带青春校园行活动在海南外国语职业学院成功举行。活动采用线下+线上直播的方式同步开展，覆盖文昌市各中学、中职学校，吸引近12.14万人次观看，取得较好成效。

海南省疾控局传防处一级调研员贾军有致辞中讲到，我省各地高度重视学校预防艾滋病教育工作，扎实推进学生防艾宣教活动，培养了多支积极从事校园艾滋病防治工作的师生志愿者队伍。通过本次活动，省市多个部门、多所学校聚集在一起，并与线上更多学校的师生和家长朋友们，共同践行今年世界艾滋病日"凝聚社会力量　合力共抗艾滋"的主题理念。他倡导大家积极行动起来，树立当代青年正确的人生观、价值观，倡导健康文明的生活方式。共同携起手来，发扬志愿精神，为助力健康校园、健康海南和海南自贸港建设做出新的更大贡献！

海南外国语职业学院党委副书记、校长黄学彬在致辞中指出，学校历来重视发展学生的健康素养，将预防艾滋病教育作为学生健康教育的重要内容，以"世界艾滋病日"为契机，采用主题班会、专题讲座、防艾知识竞赛等多种形式广泛开展宣传教育，同时利用新媒体扩大宣传影响力，在全体师生中普及艾滋病防控知识，取得了良好成效。学校将以此次活动为契机，进一步加强预防艾滋病教育工作并形成常态、形成机制、形成氛围，大力推进学校健康教育和艾滋病防治工作迈向新台阶，营造健康的无"艾"环境。

互动访谈中，丝带健康大使、央视著名主持人刚强，中国疾病预防控制中心艾防中心王璐研究员，广州医科大学附属市八医院蔡卫平教授结合舞台互动节目《红灯停 绿灯行》中的人物形象，围绕"艾滋病离大学生远不远""目前艾滋病新发现感染者中哪种传播途径所占比例最高""怎样保护自己避免艾滋病的侵害"等多个话题，与同学们展开热烈讨论。

活动中，主办方还为海南外国语职业学院和文昌市的部分中学、中职学校"校园青春防艾禁毒服务团队"开展了授旗和志愿者聘任活动，以此号召更多学校和师生志愿者朋友积极参与到校园艾防工作中来。

活动结束后，同学们一致表示，要珍爱生命健康，重视预防艾滋病毒，与健康同行，积极参与防艾知识的宣传和推广，提高自身艾滋病知识水平和防范意识，传播青春正能量，成为防艾工作的倡导者和实践者，心连心共牵红丝带，手牵手同筑健康青春。

（资料来源：中国教育网，2023年12月28日，有改动）

拓展阅读

在艾滋病患儿学校当老师 15 年

刘丽萍是一位 HIV 感染者，已在山西省临汾红丝带学校给一群艾滋病患儿当了 15 年的生活老师。

走过痛苦日子获得“重生”

刘丽萍剪着利落的短发，一双眼睛又黑又亮，说话很干脆、有条理，聊天时不时发出爽朗的笑声，让人很难把她跟艾滋病病人联系起来。“跟每一个 HIV 感染者一样，我也经历了一段黑暗的过渡期，沮丧、绝望，无数次想过结束生命，到后来调整心态，积极面对。”走过那段痛苦的日子，刘丽萍似乎获得了重生。

刘丽萍说，“我经过了好几年的潜伏期，2005 年因免疫系统功能受到破坏，身体抵抗力变差出现症状后去医院检查，医生说是鹅口疮”。在医生的建议下，刘丽萍去当地疾控中心做了 HIV 抗体检测，“我的 HIV 抗体检测结果呈阳性，也就是说我身体里已携带有艾滋病病毒了”。

“永远忘不了那一天，一个被确诊患了这种恐怖疾病的人，如同被法官宣布判了死刑等待处决的囚犯一般，那一刻觉得世界末日到了。”刘丽萍说，艾滋病这个噩梦打破了她平静的生活，很长一段时间，她都觉得活着没有意义。“家人的理解、包容给了我很大的力量，不然我真的不知道怎么撑下去。”

2005 年 5 月 26 日，刘丽萍清楚地记得那是她第一次走进临汾市传染病医院绿色港湾病区的日子。“我去治疗，看到有两个孩子，当时我对艾滋病的传播途径还不够了解，我询问护士怎么会有孩子，护士跟我说孩子是通过母婴传播的。”

当时，4 名艾滋病患儿在绿色港湾病区住院诊治。这些孩子不能到学校上学，于是，医院腾出一间病房，摆上小课桌，由医生和护士们抽空教他们。

给艾滋病患儿当生活老师 15 年

刘丽萍在艾滋病病区治疗了 3 个月就决定留下当志愿者。“是疾病把我们捆在了一起，也是缘分吧，孩子是最无辜的，他们生下来就只为了能活下去，我就想陪着他们。”刚开始病区里只有 4 个孩子，刘丽萍只是做一些心理疏导工作。

后来，在绿色港湾病区长期住院治疗的孩子增加到 16 名。2006 年 9 月，医院成立了临汾红丝带学校，它是目前国内唯一一所专门收治艾滋病患儿的全日制学校。刘丽萍介绍，现在临汾红丝带学校的学生来自全省甚至全国，学生 26 人，老师 18 人，学生多数为孤儿，在校的吃穿住医等费用都由学校无偿承担。刘丽萍说，这里的孩子，表面上看与普通孩子无异，天真烂漫，实际上他们都是 HIV 携带者，不少孩子或被家人遗弃，或父母早已离世……

刘丽萍是孩子们的生活老师，兼心理疏导，“孩子们常年住在学校，我们会把生活区布置得温馨一些，尽量让他们感受到家的温暖”。刘丽萍表示，在学校首先教给孩子们的是如何生存，“告诉他们要吃好饭，吃好药，上好学，孩子们只要每天按时服用抗病毒药物，身体和正常孩子无异”。因为每个孩子的年龄段不同，患病程度不同，吃的药也不一样，刘丽萍会提前把每个孩子一星期的药物准备好并装进盒子里，每个月都要和同事去市里的疾控中心给孩子们领药。

刘丽萍说，离开学校的孩子，有的读中专了，有的上大学了，有的参加工作了，还有的已结婚生子了，“15 年来，我陪伴着这些孩子，看到他们能融入社会，真的很开心”。

错过女儿的成长，自认为不是合格的母亲

2017—2018 年，刘丽萍进了 3 次 ICU，孩子们多次去医院探望她。“一个男孩说阿姨我们离不开你，你一定要好好活着，你还没有吃到我的烤串。还有一个女孩说，阿姨你不能这样丢下我，因为你还没有看到我穿上婚纱有多么漂亮。”孩子们鼓励的话语给了她莫大的安慰，刘丽萍说：“为了孩子们我也一定要战胜病魔，虽然没有血缘关系，可相处起来，我真的把他们当成我的孩子了。”

刘丽萍把学校当成自己的第二个家，她把大部分时间都留给了孩子们。作为母亲，她错过了自己女儿的成长。刘丽萍告诉记者，女儿今年 20 岁，已上大二。谈起女儿，她很愧疚：“我都没有陪着她长大，从女儿 5 岁起我就在学校做志愿者了，我真的不是一个合格的母亲。”女儿长大后开始慢慢理解她的做法，刘丽萍继续说道，“我的女儿是个很善良的丫头，之前我把孩子们带回家，她会跟这些孩子一起吃一起住，她有时还会来学校，跟孩子们一起玩”。

这 15 年走得很艰辛，想一直为孩子们遮风挡雨

“对于孩子们来说，他们最大的痛苦莫过于被歧视。有一次我们请师傅来修门窗，夏天蚊子比较多，那位师傅连工钱都不要就跑了。”比起自己，孩子们遭到歧视让她更加难受。

刘丽萍经常遇到不愿同她坐在一张桌子上吃饭的人，她说自己可以理解，会换位思考。

刘丽萍一直都在服用抗 HIV 药物，它能抑制病毒的复制，“我现在体内的病毒控制在一定的数量，就相当于一个 HIV 携带者。好好吃药的话，活几十年是没有问题的”。刘丽萍告诉记者，她的有些病友还在农田里干重体力活，生活跟普通人并没什么两样。

刘丽萍说：“这 15 年来，我们走得很艰辛，但也很坚定，孩子们更不容易，我所做的一切都是遵从自己的内心，也就是做了一些力所能及的事情。”

刘丽萍不知道自己还能陪伴孩子们多久，“如果身体允许，到了退休年龄，学校还接纳我的话，我会一直待下去，陪伴他们，希望学校能成为他们的港湾，为他们遮风挡雨”。

（资料来源：《扬子晚报》，2000 年 8 月 26 日，有改动）

案例分析

一夜情后染上艾滋病

他今年 21 岁，刚刚大学毕业，几个月前因一时冲动，他和一位关系很熟的女孩发生了性关系。没有想到那一次短暂的亲密接触将他带入了 HIV 感染者的行列。

按他的话说，他是一个很本分的男孩，除了“那次冲动”，他从未和女朋友以外的其他任何女性发生过性关系。更令他痛苦的是，到现在为止，非常爱他的女友仍蒙在鼓里。“不敢告诉她，怕她会离开我。”电话里的他，一直很崩溃，有几次哭得几乎说不下去了。

陷入深深自责和恐惧中的他辞去了辛辛苦苦找来的工作，把自己锁在家里，不见任何人。

他是一个来自农村的孩子，家庭条件比较差，父母含辛茹苦把他抚养成人，借钱供他读大学，他是父母全部的希望所在。在大学期间，他获得了甜美的爱情，毕业时他和女友都在重庆找到了工作。虽然工资不算高，但对于未来的生活，他们也充满了向往。他一直认为，面包会有的，房子也会有的。然而，正是因为那次不洁的性行为，让他远离了自己所憧憬的幸福生活。

由此可见，大学生应尽早接受系统、完整的性教育和预防艾滋病的教育，懂得"洁身自爱"，学会对自己的健康和他人的健康负责，以免对自己、对他人、对社会造成消极影响。

知识回顾

本章首先对艾滋病进行了概述；然后论述了面向大学生开展预防艾滋病教育的方法和措施。

想一想

简述开展预防艾滋病教育的方法和措施。

第十章 艾滋病自愿咨询检测、行为干预、预防及治疗

本章导读

艾滋病自愿咨询检测是艾滋病预防与关怀项目的重要内容，是艾滋病预防工作的核心。在预防工作中，自愿咨询检测能帮助人们了解HIV是如何传播的，以及人们应如何采取更安全的性行为，并及时接受检测和治疗。人类与艾滋病斗争的武器主要有三种：一是药物治疗；二是注射疫苗；三是行为干预。在药物尚无法根治艾滋病、疫苗仍未研制成功的当下，行为干预就成为阻断艾滋病传播途径、控制艾滋病流行的重要手段。如果人类能研制出可以彻底治愈艾滋病的药物或疫苗将是最大的福音。这个愿望离实现的那一天仍然很遥远，然而，一个更为现实的问题已经摆在眼前，那就是当前的艾滋病疫情如何防控。综上所述，本章从艾滋病自愿咨询检测、行为干预、预防及治疗三个方面来介绍艾滋病的防治。

学习目标

◎ 理解艾滋病的自愿咨询检测。
◎ 掌握艾滋病的行为干预。
◎ 了解目前艾滋病医药救治的保障问题。

情境导入

在云南省昆明市，20岁的小俊(化名)有着小麦色的皮肤和健壮的身板，戴一副黑框眼镜，温文尔雅。小俊从小学习成绩优异，现在是一所知名高校的学生。2020年暑假，小俊的信息被昆明市疾控中心艾滋病筛查实验室登记在确诊名单，隐藏在体内一年多的艾滋病病毒终于浮出

水面。“去年7月中旬，感觉头疼、咽喉痛，还伴随发热，一开始以为只是普通感冒，但休息一周后仍不见好转。”小俊仍清楚记得病魔现身的那个日子。那天在医院就诊时，医生详细询问了他的病症，并建议他做 HIV 检测。结果呈阳性，小俊一下子傻眼了。

确诊艾滋病后，小俊从最开始的无法接受到选择直面现实，一边继续学业，一边接受药物治疗。小俊说，自己需要每晚10点准时服用药物，并定期到医院检查各项指标，药物是让他保持正常生活的关键。

中国疾病预防控制中心艾滋病专家表示，15～24岁的青年学生正成为艾滋病高风险人群。以前大量的 HIV 感染者来自经济欠发达地区，而现在艾滋病已进入精英扎堆的城市和学校。这个特殊人群虽然了解防艾知识，但在发生高危行为时却没有用知识来保护自己。

昆明医科大学第一附属医院性病与皮肤科主任李玉叶表示：“家长和学校无须谈性色变，预防是最好的疫苗，应将问题的严重性向青年学生解释清楚，传递艾滋病预防关键信息，引导他们树立正确的性观念。”对艾滋病病毒，不能存在侥幸心理。同时，青年学生应该了解和使用国家公共卫生服务体系，如果担心自己有风险，可第一时间拨打公共卫生服务热线，或到国家疾病预防控制中心每年公布的艾滋病病毒检测机构进行免费咨询和检测。

第一节 艾滋病自愿咨询检测

一、艾滋病自愿咨询检测概述

艾滋病自愿咨询检测是指需要进行艾滋病病毒检测的个体，经过咨询，在充分知情和保密的情况下，对是否做艾滋病病毒检测自愿做出选择的过程。自愿咨询检测并不意味着所有人都需要做检测，有些人可能仅仅接受咨询即可。艾滋病自愿咨询检测包括检测前咨询、检测后咨询、支持性咨询，以及 HIV 检测等服务。开展艾滋病自愿咨询检测需要得到持续有效的咨询、治疗、关怀等工作的配合与支持。

目前，无论是在发达国家还是在发展中国家，艾滋病自愿咨询检测都已经成为艾滋病预防和关怀项目的一个重要组成部分。随着社会需求的变化及对 HIV 感染者和艾滋病病人的管理、治疗和支持政策的变化，艾滋病自愿咨询检测服务也在逐渐演变。

艾滋病自愿咨询检测一般包括以下几个部分的内容。

(1)检测前咨询：在进行检测之前，咨询员向咨询者提供检测相关咨询，包括检测的解释、传播途径分析、个人危险度评估、告知检测机构和对检测结果意义的解释。

(2)检测后咨询：咨询员向咨询者解释检测结果，包括对检测阳性结果和阴性结果的解释、检测后应注意的问题，如行为方面的改变，医疗、心理、家庭等各方面可能遇到的问题及其处理方式等。

(3)支持性咨询：对检测结果为阳性的咨询者提供后续咨询，包括个人身体、医疗、心理、工作、经济、家庭、朋友、社会歧视等各个方面的问题的咨询。

(4)HIV 检测：即通过实验手段对受检者生物样品中的抗体或抗原进行检测。

二、艾滋病自愿咨询检测的基本原则

艾滋病自愿咨询检测的基本原则主要包括自愿、知情同意和保密。

(一)自愿

自愿是指寻求服务的个体在获得各种与自愿咨询检测服务相关的信息之后，自主决定是否前往自愿咨询检测服务点接受咨询或检测。

(二)知情同意

知情同意指 HIV 检测应该在咨询者本人知情同意后进行。这里的知情指在进行检测前咨询时，咨询员用咨询者能够理解的语言使咨询者了解有关 HIV 检测的信息，包括风险、益处及检测方案的选择。这里的同意，指咨询者能自由选择是否检测，并在没有强制的前提下选择进行 HIV 检测。

(三)保密

保密是指在艾滋病自愿咨询检测中不泄露咨询者的隐私。保护咨询者的隐私对于正确地防治艾滋病是相当重要的。

艾滋病自愿咨询检测中的保密原则主要体现在所有相关工作人员都要经过保密培训。咨询员应对交谈内容、检测结果严格保密，对咨询者咨询事件本身及有关病情资料不得向无关人员泄露。咨询者的个人资料及检测结果应锁在文件柜中。每位咨询者应有其相应的代码号并得到标有其代码号的卡片，咨询者凭此卡片来查询检测结果。

三、艾滋病自愿咨询检测的开展策略

(一)加强宣传引导力度，让艾滋病自愿咨询检测被广泛知晓

加强艾滋病自愿咨询检测的宣传工作，应主要做到以下几点。

(1)加强艾滋病自愿咨询检测服务点对外的宣传。具体包括标识系统、宣传橱窗、健康教育资料等的配备和更新，做到指引清晰、宣传针对性强、资料发放到位。

(2)咨询员应积极向社会公众提供艾滋病自愿咨询检测服务的相关资讯，积极宣传接受艾滋病自愿咨询检测的意义和作用。

(3)充分利用媒体资源，加强社会宣传。构建线上线下联动的宣传体系，持续引导社会公众逐渐形成对艾滋病自愿咨询检测的科学、系统的认识。

(二)强化艾滋病自愿咨询检测服务网络建设

(1)合理布局艾滋病自愿咨询检测服务网点，进一步明确各个服务网点的职责和工作规范。

(2)出台相应的激励机制，取消年度考核不合格的艾滋病自愿咨询检测服务点的资格。

(3)对转介服务系统进行调整和优化。建设转介服务流程渠道，使相关人群能更快、更好地接受艾滋病自愿咨询检测服务。在现状评估的基础上，了解与艾滋病诊断、治疗、心理支持等相关服务机

构的现状，以及这些机构在艾滋病自愿咨询检测服务中能够发挥的作用，将它们有机结合起来，建立、健全艾滋病自愿咨询检测转介服务网络。

(三)持续有效地开展艾滋病自愿咨询检测的培训活动

鉴于各地艾滋病自愿咨询检测工作的工作成效不同，相关工作人员的业务能力水平参差不齐，应加强相应的培训力度。培训内容可包括艾滋病自愿咨询检测服务规范、针对特殊人群的咨询服务技巧、HIV 检测前后的咨询等。

(四)定期开展督导工作，及时发现并解决问题

为了确保艾滋病自愿咨询检测工作各环节都能落到实处，各地卫生行政部门、疾病预防控制机构和医疗机构应定期开展督导工作。其具体工作方法如下：

(1)通过现场观察和调查，从艾滋病自愿咨询检测的项目管理、网络建设、宣传促进、转介服务、资料管理等方面，考核和评估前次督导工作中相关问题的落实情况。

(2)及时发现新问题，及时向当地有关部门反馈信息，并就具体问题进行深入沟通和协调，寻求适合当地的有效的最佳解决方案，并督促落实。

(3)评估项目工作进度，了解一线工作人员的工作状态和心理状态，并对其施以有效的物质支持和精神激励，激发并保持他们的工作热情。

第二节 艾滋病行为干预

我国一直把宣传教育作为预防和控制艾滋病的主要措施。全社会应共同参与。

(一)宣传教育的原则

针对艾滋病的流行情况及艾滋病对个人、家庭、社会和经济发展的严重危害，应积极全方位报道卫生行政部门公布的有关艾滋病的数据和情况，也可用国内外的具体实例教育广大群众。

关于艾滋病的传播途径和预防方法，要科学地宣传艾滋病的主要传播方式及主要高危行为，同时应强调艾滋病是完全可以预防的。

防止歧视 HIV 感染者和艾滋病病人的宣传，要明确以下几点。

(1)歧视不利于预防和控制艾滋病的传播，反而极易引起社会不安定的因素。

(2)每个人都必须懂得预防艾滋病的知识和措施，否则每个人都有感染艾滋病的可能。

(3)HIV 感染者和艾滋病病人是疾病的受害者，与其他疾病病人一样需要社会给予人道主义的关心和帮助。媒体要适当报道关怀帮助 HIV 感染者和艾滋病病人的典型事例。

(二)宣传教育的内容

(1)艾滋病是一种病死率极高的严重传染病，目前还没有治愈的药物和方法，但可以预防。

(2)艾滋病主要通过性接触、血液和母婴三种途径传播。

(3)与 HIV 感染者和艾滋病病人的日常生活及工作接触不会感染艾滋病。

(4)洁身自爱、遵守性道德是预防经性途径感染艾滋病的根本措施。

(5)正确使用安全套能降低感染艾滋病的风险。

(6)及早治疗并治愈性病，可降低感染艾滋病的风险。

(7)共用注射器吸毒是传播艾滋病的主要途径，因此要拒绝毒品、珍爱生命。

(8)使用经 HIV 抗体检测合格的血液和血液制品。

(9)关心、帮助和不歧视 HIV 感染者和艾滋病病人。

(10)预防艾滋病是全社会的责任。

第三节 艾滋病预防及治疗

一、艾滋病的预防

(一)预防艾滋病宣传教育工程

增强个人健康责任意识，提高宣传技术水平，提高对居民、流动人口、老年人、易感人群宣传教育的针对性和有效性。

(二)艾滋病综合干预工程

实施宾馆等场所安全套摆放全覆盖，加大互联网线上和线下综合干预力度，推广暴露前、暴露后预防措施，对夫妻一方感染艾滋病的家庭开展综合干预。

(三)艾滋病扩大检测治疗工程

发挥社会组织作用，利用自愿咨询网络，动员易感染艾滋病行为人群检测。加强医疗机构重点科室主动检测服务，推动互联网预约检测和自我检测。对 HIV 感染者实施应治尽治策略，不断提高治疗服务质量。

(四)预防艾滋病社会综合治理工程

依法打击涉及艾滋病传播危害的相关违法犯罪行为，对抓获的卖淫嫖娼、聚众淫乱等人员进行艾滋病检测，对检查发现的 HIV 感染者加强重点管理并开展抗病毒治疗。加强对合成毒品等物质的管控，加强社交媒体和网络平台管理。

(五)预防艾滋病经血液传播

为减少因输血而引起的传播，临床上应严格掌握输血指征，尽可能地减少输血。对于必须输血的情况，按照《中华人民共和国献血法》(以下简称《献血法》)的要求检查供血者的抗体，同时要向病人讲清楚“窗口期”的概念及感染的可能性和后果。预防血浆供血者感染艾滋病及其他经血液传播的疾病，关键在于严格消毒，严格按照操作规程，防止回输的血细胞被污染。尽可能不用或少用任何血液制品。必须使用血液制品时，应注意产地及是否经过杀灭肝炎病毒及 HIV 等的处理。我国出台的《献血法》，有力推动了我国无偿献血工作，提高了血源质量，减少了血源中的病毒携带。且近年来由于注意筛选血液及生产中的加热处理，艾滋病经血制品传播的可能性已大为降低。

（六）落实预防艾滋病母婴传播工程

落实预防母婴传播综合干预措施，加强感染艾滋病育龄妇女健康管理和指导，规范其所生婴儿抗病毒治疗。提升预防艾滋病母婴传播综合服务水平，以省为单位逐步开展消除母婴传播工作。

（七）预防医务人员感染的措施

由于医务人员暴露于艾滋病病人的血液、体液的职业风险较大，因此必须采取有效的预防措施。预防医务人员感染的措施有以下几个：

（1）加强相关职业培训。强化对医院各部门，特别是重点科室（如外科、手术室、输液室）及高危人群（护士、实习生）的系统管理。对在岗人员实施定期反复培训，根据各职位的工作特点，查清易发生职业暴露的环节，实施具体的有针对性的防护措施，对培训内容进行考核，在日常工作中进行有效监控。

（2）建立健全报告机制。强化医务人员职业暴露报告备案意识，发生暴露后应及时抽血检查并迅速向上级部门汇报，同时相关部门应做好本底资料收集和反馈工作，并按时间复查。

（3）强化对症处理。强化血源性传播疾病的筛查，对需要手术的病人，应将其作为常规检查项目；暴露后用肥皂液和流动的清水清洗污染的皮肤，用生理盐水冲洗黏膜，如有伤口，在伤口旁稍作挤压，尽可能挤出伤处的血液，再用肥皂液和流动的清水清洗，冲洗后用医用乙醇或聚维酮碘消毒，随后包扎；必要时，对暴露的黏膜外用对应的抗菌药物。

（4）使用安全的技术及设备。采用真空采血；每个病区设置统一的区域以放置标本，并确保所有标本得到密封运送；规范锐器的管理；向每个病区提供个人防护用品，如手套、口罩、隔离衣、护目镜等；按相关要求，对暴露源采取必要的隔离措施。

（八）学生预防艾滋病教育工程

完善及落实疫情通报机制和定期会商机制，成立由校领导牵头的艾滋病防控领导小组，落实初中学段 6 课时、高中学段 4 课时的预防艾滋病教育时间，落实普通高等学校、高等职业院校预防艾滋病的教学任务。

（九）疫苗

生物性疫苗是预防多种传染性疾病的有效武器。目前没有针对 HIV 的特效治疗方法，虽然高效抗逆转录病毒的治疗方法已经在减轻艾滋病病人痛苦、延长艾滋病病人寿命等方面取得了一定的效果，但用于治疗 HIV 感染的药物只能控制病毒复制，不能彻底清除病毒，而且抗 HIV 药物的价格昂贵，具有较严重的副作用，如果药物使用不当，也会诱发耐药性的产生。因此，研制安全、有效的疫苗是控制 HIV 传播的重要手段之一。HIV 易感者或 HIV 感染者通过接种艾滋病疫苗，发生免疫反应，从而产生对疾病的特异抵抗力，可以提高免疫水平，达到预防、治疗 HIV 的目的。

二、艾滋病的治疗

艾滋病的治疗包括抗逆转录病毒治疗、机会性感染的治疗和对症处理。抗逆转录病毒治疗是为了最大限度地抑制病毒的复制，保存和恢复免疫功能，降低病死率和相关疾病的发病率，提高艾滋病病人的生活质量，减少艾滋病的传播。目前，国际上有四类治疗艾滋病的药物共计 24 种，分为核苷类逆转录酶抑制剂、非核苷类逆转录酶抑制剂、蛋白酶抑制剂和融合抑制剂。我国治疗艾滋病的药物共有 12 种，分为三类，即核苷类逆转录酶抑制剂、非核苷类逆转录酶抑制剂和蛋白酶抑制剂。

(一)鸡尾酒疗法

1996 年，美籍华裔科学家何大一发明了鸡尾酒疗法，又名高效抗逆转录病毒治疗，该疗法通过将 3 种或 3 种以上的抗病毒药物联合使用，最大限度地抑制病毒的复制，保存和恢复免疫功能，使艾滋病成为像高血压、糖尿病一样的可控慢性病。鸡尾酒疗法自应用于临床之后，已使许多艾滋病病人受益。

(二)基因组编辑技术

美国坦普尔大学研究人员运用一种被誉为“基因组编辑的魔术手术刀”的基因编辑技术，首次成功地把 HIV 从培养的人类细胞中彻底清除，朝着永久治愈艾滋病的方向迈出了重要的一步。这种技术简便、价廉、高效，近几年来尤其热门。不过由于 HIV 易于变异，该疗法目前还难以适应每个艾滋病病人独特的病毒序列，临床应用尚面临一定的挑战。

(三)营养治疗

一项由乌干达坎帕拉的门戈医院所进行的临床试验显示，营养干预可以改善 HIV 感染者的生活质量和明显延缓其艾滋病的发病进程。

(四)干细胞骨髓移植

据美国媒体 2008 年 11 月 12 日报道，一名同时患有白血病和艾滋病的病人在接受干细胞骨髓移植手术后，体内的 HIV 居然全部消失了。一些人携带的一种突变基因似乎能让他们先天具有抵御 HIV 的能力，这种自双亲遗传的基因称为“CCR5-Δ32”(德尔塔 32)，能够阻碍 HIV 对人体健康细胞的侵袭。

(五)其他方法

治疗艾滋病的其他方法包括抗 HIV 药物、免疫调节药物、机会性感染疾病的治疗、抗肿瘤治疗、中医药治疗、手术治疗、对症治疗及疫苗疗法。

三、国家对困难人群的医疗救济

(一)实施免费治疗

目前，我国政府对免费治疗艾滋病的适应人群及减免范围作了详细规定，对以下四类人群实行免费治疗或救助。

(1)对农民和城镇经济困难的艾滋病病人实行免费抗病毒治疗，在艾滋病流行的重点地区实施免费、匿名血液检测。

(2)对父母死于艾滋病的孤儿实行免费上学。

(3)对31个特定地区大部分属于艾滋病高发区的孕妇实施免费的艾滋病咨询、筛查和抗病毒药物治疗。

(4)对不属于免费范围、生活困难的艾滋病病人给予一定的生活救济。

(5)对免费治疗艾滋病的病人实行实名制登记。

(二)建立完整公平的公共卫生系统

县级以上卫生行政部门要组织成立艾滋病治疗专家组，专家组成员由临床、护理、实验室检验等专业的专家组成。承担艾滋病抗病毒治疗任务的医疗机构要建立严格的抗病毒药品领取、发放登记制度，建立规范的艾滋病病人抗病毒治疗病历。疾病预防控制机构要建立健全工作机制，负责免费抗病毒药品的及时、足量供应。贫困地区多数比较偏远，规范的医疗机构可以让贫困人群获得及时、有效的治疗。

承担艾滋病治疗任务的医疗机构和医务人员，如果出现拒绝为艾滋病病人提供医疗服务或违反艾滋病诊疗规范等问题，一定要及时予以纠正，并严格追究有关当事人的责任。

四、艾滋病药物的人体试验

艾滋病的治疗是一个世界性难题，任何一种药物的研制者都不能自认为有效就随意拿艾滋病病人来做临床试验，这样不仅不合法，还会增加艾滋病病人的身体负担，甚至可能会加速艾滋病病人的死亡过程。药物的短缺、药效的副作用和缺乏用药指导是我国艾滋病病人不得不面对的现实。对于临床用药和艾滋病治疗，我国已经建立了较为完善的法规体系。

(一)人体试验

人体试验是基础理论研究、动物实验之后，临床应用之前的必经阶段。药品或其他医学科研手段在大规模应用到艾滋病病人身上之前，必须小规模地在受试者身上做试验，以决定其是否能进入临床，直至进入市场。人体试验对研制艾滋病药物和疫苗的意义重大。

(二)受试者的权益保障

设立伦理委员会、签署知情同意书是保障受试者权益的主要措施。

1. 设立伦理委员会

伦理委员会是由医学专业人员、法律专家及非医务人员组成的独立组织，其职责为核查临床试验方案及附件是否合乎道德，并为之提供公众保证，确保受试者的安全、健康和权益受到保护。伦理委员会的组成和一切活动不应受临床试验组织和研究者的干扰或影响。

2. 签署知情同意书

知情同意书是每位受试者表示自愿参加某一试验的文件证明。研究者需向受试者说明试验性质、试验目的、可能的受益和风险、可供选用的其他治疗方法，以及是否符合《世界医学协会赫尔辛基宣言》规定的受试者的权利和义务等。受试者充分了解后有权表示其同意与否。

拓展阅读

艾滋病前期的三大症状

1. 全身症状

艾滋病病人的临床症状最常见的是反复出现低热，伴有寒战、消瘦、疲乏无力，体重下降，继之极度嗜睡无力，不能支持平常的体力活动。另外，慢性腹泻也是某些艾滋病病人十分明显的早期临床表现。

2. 淋巴结肿大

艾滋病病人淋巴结肿大的发生率较高。当高危人群出现全身淋巴结肿大又不能用其他原因解释时，很可能与HIV感染有关。

艾滋病病人的淋巴结肿大虽然是全身性的，但是多见于颈后、颌下或腋下。且肿大的淋巴结不融合，质硬，偶有压痛，表面皮肤无改变。艾滋病病人淋巴结肿大的程度与血清内HIV抗体滴度高低相关。

此外，艾滋病常并发淋巴瘤，包括伯基特淋巴瘤、免疫母细胞淋巴瘤及霍奇金淋巴瘤等。

3. 皮肤损害

皮肤、黏膜是艾滋病病毒主要的侵袭部位之一，因此艾滋病病人常常会出现皮肤损伤的症状，如出现皮疹、瘙痒以及荨麻疹等。

案例分析

血友病病人也是易感染艾滋病的高危人群。血友病是一种遗传性的凝血障碍性疾病。因为血友病病人的血液中缺少一种凝血因子，所以很小的外伤都可能使他们出血。血友病病人需要终身使用他们所缺少的凝血因子，这种凝血因子需从供血者的血液中提取。

有一对兄弟，两人都是血友病病人，他们不得不经常输入凝血因子。首先是哥哥出现发热、呼吸困难和腹泻被送进医院。检查发现他的口腔和咽喉受到白色念珠菌侵袭而感染，X光片显示肺部受累。血液化验结果显示淋巴细胞和白细胞减少。之后弟弟也以同样的症状持续发热，住进了同一家医院。尽管积极治疗，可弟弟还是不幸去世了。尸体解剖后发现他的肺部出血，以及受到巨细胞病毒和某些霉菌的感染。

经血液传播HIV的概率因不同的传播形式而不同：如果使用了含有HIV的血液和血液制品，一次感染机会可达95%；静脉吸毒者共用不清洁的注射器感染概率也很高，大于70%；针头刺伤皮肤被感染的概率为0.25%～0.33%。另外，在临床医疗工作中的交叉感染，如针头、牙钻和注射器等器械消毒不严或与HIV感染者共用器械等也会导致感染。

由案例分析可知，艾滋病传播的途径与血液交换有密不可分的关系，经其他途径传播的概率也不容忽视，这尤为体现了艾滋病防治的重要性，定期的咨询和检测能有效地降低患艾滋病的传播概率。因此在目前艾滋病不能被彻底治愈的情况下，我们一定要做好防范措施。

知识回顾

本章首先讲解了艾滋病自愿咨询检测，提到了艾滋病自愿咨询检测的基本原则和开展策略。其次介绍了艾滋病的行为干预，主要包括艾滋病的宣传教育。最后讲到艾滋病的预防及治疗：一是艾滋病的预防；二是艾滋病的治疗；三是国家对困难人群的医疗救济；四是艾滋病药物的人体试验。

想一想

1. 艾滋病自愿咨询检测的基本原则有哪些？
2. 艾滋病的医疗救济包括哪几个方面？

第十一章 艾滋病相关问题的思考

本章导读

现在，人们把更多的目光投向HIV感染人群，喊出了“走近艾滋病病人，关爱他们就是关爱我们自己”的口号。但与此同时，社会也面临HIV感染者给正常人群健康带来威胁的问题。在关爱艾滋病病人的同时，怎样维护正常人群的权益，又该如何正确惩罚HIV感染者的违法行为，成为社会不可回避的问题。

家庭是最能体现亲情的地方，家庭的关爱有利于艾滋病病人的治疗以及提高艾滋病病人的生活质量，维持社会的稳定。让更多的艾滋病病人感受到家庭的温暖，是他们迫切希望的，也是防治工作的一个重点。但目前社会存在的歧视等客观情况使得很多艾滋病病人家庭支离破碎，急需立法予以保护。家庭维持主要体现在婚姻、生育和劳动等方面。

学习目标

◎ 了解我国对故意传播艾滋病的处罚。

◎ 了解艾滋病病人的婚姻权、生育权和劳动权。

情境导入

HIV感染者与艾滋病病人是特殊群体，其与普通公民一样享有公民权利，但这个特殊群体也应该履行一些义务，如不得以任何方式故意传播艾滋病，应采取必要的自我防护措施以防感染他人。

丽水市男子周某明知自己是HIV感染者，却多次扬言要传播病毒，对他人进行威胁、恐吓，还一直对家人隐瞒病情，并先后与两名女子发生性关系。2010年4月，丽水市莲都区人民法院依法受理了这起由莲都区人民检察院提起公诉的犯罪案件，周某被指控涉嫌以危险方法危害公共安全罪。

第一节 艾滋病传播和违法处罚

一、故意传播艾滋病的处罚

由于 HIV 感染者本人的行为对艾滋病的传播与流行起到极为重要的作用，有的艾滋病病人或出于报复社会的心理，或因为发生性行为，故意或无意地将 HIV 传播给他人，由于目前艾滋病无法治愈，在一定程度上意味着死亡，而且感染 HIV 会带来一系列的社会问题，所以这种行为的后果是相当严重的。目前，我国法律涉及故意或过失传播艾滋病的规定主要有《刑法》《中华人民共和国传染病防治法》(以下简称《传染病防治法》)《艾滋病防治条例》等。

HIV 感染者或艾滋病病人故意传播艾滋病的，依法承担民事赔偿责任；构成犯罪的，依法追究刑事责任。在现代社会中，权利和义务是密切相关、相辅相成的，有权利无义务和有义务无权利都不能被许可，也不符合社会的利益，法律要求个人权利并不能超越社会整体利益，其个人权利保护也并不能以危害他人利益为代价。对于 HIV 感染者或艾滋病病人，人们要付出更多的关爱，尊重他们应有的权利，但是如果他们滥用权利，超越了社会所许可的范围，威胁到他人及整个社会的利益，就必须禁止其行为或对其行为加以严格限制。

二、控制艾滋病违法行为的整治机制

如今，控制艾滋病已是人类共同的目标。唤醒公众关爱艾滋病病人是“德治”的基础，但也应防范 HIV 感染人群可能对公众安全造成的威胁。这就需要有关部门建立一种整治的机制(即“法治”)，与“德治”一道共同发挥控制艾滋病传播的作用。

(一)建立健全我国相关的法律制度

首先，根据《刑法》，犯罪嫌疑人为 HIV 感染者或艾滋病病人的事实不能成为对其减轻、从轻或免除刑事处罚的理由。因此，对于明知自己是 HIV 感染者或艾滋病病人，却故意传播或在犯罪中以此胁迫被害人或者司法人员的，应该视为犯罪的从重或加重处罚情节，这必须在司法实践中予以正确落实和执行。

其次，应在条件成熟的地区制定相关地方性法规，明确由卫生部门牵头，公安、司法部门配合，对因 HIV 感染等严重传染性疾病而难以收入监狱的人员，应进行封闭式集中收容、观察及治疗。其中，能否落实好专门场所和专门管理人员是这项制度能否真正得以建立的关键。而建立对这类特殊人群的隔离关押制度，建设集救治、改造、关押等多功能于一体的关押场所或专门监狱则是必需的。

(二)建立应急和防范系统的运行机制

建立一整套应急和防范系统的运行机制，如建立艾滋病职业暴露预防基金，以储备所需的资金、药物及设立必要的治疗条件等。目前，武汉市已采取对上述特殊群体的犯罪嫌疑人由公安部门看管，由卫生部门提供具备治疗、护理条件的场所，施行管制与治疗双管齐下的做法。《江苏省艾滋病防治条例》第 22 条第 2 款规定：“公安、司法行政部门应当会同卫生行政部门对羁押和被监管的卖淫、嫖娼、吸毒等人员进行艾滋病检测，为羁押和被监管人员中的艾滋病病人及病毒感染者设立专门场所，督促其接受治疗，并在其依法获准离开羁押场所时，通知其住所地的县级以上疾病预防控制机构。”

(三)建立职业暴露预防和保险制度

对因公接触感染 HIV 犯罪嫌疑人的医务人员及警务人员，应建立医务、警务人员的职业暴露预防和保险制度，如一旦发生意外感染的情况，建议可以在“工伤”的基础上予以处理，但是相关的补偿措施要符合实际情况，精神上的关怀措施也是必不可少的。另外可以引入相关的保险制度。

(四)建立艾滋病违法人员的监督追踪机制

建立艾滋病违法人员的监督追踪机制，由公安部门统一管理，对于脱离公安机关、看守所、监狱控制下的艾滋病病人，如取保候审、保外就医以及刑满释放的，要随时了解其行踪，在必要时及时通知或联合医疗机构对其进行治疗和救治。

(五)联合打击

对 HIV 感染者或艾滋病病人的犯罪行为实施相关的打击不能仅局限于几个城市，但因存在一些“瓶颈”，真正建立系统的防范制度尚需时日。这是一个系统工程，必须引起国家立法部门的重视，由各相关部门共同配合，在关爱这个特殊的弱势群体的同时也要保障正常人群的合法权益。

第二节 艾滋病病人的婚姻权、生育权和劳动权

一、艾滋病病人的婚姻权

艾滋病因其传染性、不可治愈性、病情严重性，已经成为现代社会中具有毁灭性的疾病之一。它也带来了很多社会问题，造成了巨大的经济损失和法律争论。艾滋病病人是否可以结婚就是争论之一。

对于何种疾病是医学上认为不应当结婚的疾病，我国现行的《中华人民共和国民法典》并未作出明确的规定。对于艾滋病病人是否可以结婚一直没有定论，近年来，艾滋病病人结婚的事情不断见于报端，引起社会的广泛关注。

(一)艾滋病不应成为不可结婚疾病的法定依据

1. 婚姻的意义

结婚是指男女双方通过合法手续结为夫妻。结婚不但包括可以合法地共同生活在一起，拥有合法的性生活，可以共同养育后代，同时，也应包括男女双方在精神上的互相吸引和互相依赖，精神上有想结合在一起的愿望。

现代医学已经认定日常生活不会传播艾滋病。艾滋病的传播途径和一般的血液传播疾病、性传播疾病是相同的。事实上，如果采取恰当的措施，艾滋病是不会传染的，危害也就无从产生了。

2. 禁止结婚是一种歧视

禁止艾滋病病人结婚，是一种歧视行为。然而，反歧视应该做到全方位，其中应包括给予艾滋病病人平等的结婚权利。事实上，结婚之后，双方共同生活在一起，除了一般日常生活，还有性生活。日常生活不会传播艾滋病，性生活时通过安全措施也是可以防止艾滋病传播的。

3. 医学依据

支持给予艾滋病病人结婚的权利，主要是根据 HIV 的流行特征而决定的。HIV 的病原学特征决定了其不会经空气或水进行传播；大量事实证明在婚后的日常生活中，一般的接触是不会传播艾滋病的；在婚后的性生活中，如果采取严格的保护措施是可以预防艾滋病传播的。由此可见，艾滋病病人在医学上应当允许结婚，只要防范得当，是可以避免艾滋病传播的。

(二)允许艾滋病病人结婚的人权意义

赋予艾滋病病人结婚的权利，是一个重大的法治进步，是尊重人权、保护人权的重要组成部分。它具有以下几个方面的人权意义：

1. 体现平等

艾滋病病人与普通人在尊严和权利上的平等权应予以保证。人人生而自由，在尊严和权利上一律平等，是人权的重要内容之一。

2. 权利回归

国际人权公约明确规定，成年男女，不受种族、国籍或宗教的任何限制，有权婚嫁和成立家庭。现代社会认为婚姻对于当事人具有多重意义，除获得法律保护的性行为权利，还包括婚姻当事人相互间的经济支持、生活互助、情感关爱、赡养老人、遗产继承等。因此，结婚本是艾滋病病人固有的权利。

3. 体现社会人文关怀

允许艾滋病病人结婚，是社会人文关怀的重要体现。强制性地剥夺艾滋病病人的性的权利，不仅违背人性要求，而且也不能阻止他们从其他途径获得性的满足，这样会给社会造成更大的负面影响。

(三)艾滋病病人结婚的条件

艾滋病危害大，对人的身体、精神和社会生活都会产生很大的影响。因此，通过立法给予艾滋病病人结婚权利的同时还应有一定的附加条件。

1. 知情基础上的自决权

如果当事人中非病人的一方知道自己的婚姻对象是艾滋病病人，仍然渴望与其进入婚姻关系，这便是他行使自己在知情基础上的自决权，他愿意承担由此带来的风险，而且这个婚姻并不会伤害任何其他人的利益，属于两个人之间的行为。因此，艾滋病病人结婚，必须在双方均知情的情况下进行。双方应对艾滋病的知识有充分的了解。

2. 必要的婚前咨询

艾滋病病人婚前应进行相关咨询，并学习艾滋病的有关知识、婚后生活的注意事项及对艾滋病病人的护理技巧等。

3. 心理支持

除给予医疗知识的传授外，还应给予双方心理支持，以使双方能够在婚后的生活中共同解决问题、互助互爱，获得和谐的婚姻生活。

4. 病情稳定

艾滋病病人结婚应该在病情比较稳定、控制了机会性感染的情况下进行。毕竟，艾滋病是一种疾病，如果在急性期结婚，由于激动、劳累等原因可能会导致疾病的进一步恶化，从而影响双方的婚姻生活。

(四)婚前检查问题

婚前检查是指男女双方在办理结婚登记手续之前进行的常规体格检查和生殖器检查，其是对男女双方可能患有的、影响结婚和生育的疾病进行的医学检查。婚前体检对防止传染病和遗传性疾病的蔓延，保障婚姻家庭的幸福美满，保障后代的健康等方面都有重要意义。

1. 婚检体现价值取向

是否可以强制婚检的问题在一定程度上是一个价值选择问题，也就是婚姻和生育是个人的事还是国家的事，抑或社会的事。明确了这个问题，是否应该采取强制婚检措施也就有了答案。其实私人领域中的事应由个人自治，涉及两个人的私事也只需双方同意，而无须由国家、社会或其他人等第三方干预。婚姻、生育显然属于个人的私事。

2. 婚检应让双方知情

婚姻是建立在男女双方诚信的基础上的，通过婚检可以使双方平等地知道对方的身体情况，有利于家庭的长期稳定，也有利于防止传染病的传播，减少对他人不必要的伤害。随着社会文明程度的提高，艾滋病病人结婚的事情并不鲜见，这说明知情并不意味着婚姻的终结，而有可能是爱情的升华。

二、艾滋病病人的生育权

(一)艾滋病的生育研究

就传播概率而言，经性接触途径传染艾滋病，男性传给女性的概率要大于女性传给男性的概率。也就是说，在性生活中，女性较男性更易感染 HIV。目前，国际上采用的控制方法主要有以下两种：

一种是当男性为 HIV 阳性，女性为阴性时，可以采用“洗精术”，通过筛选出健康的精子，再用体外授精的方法使女方怀孕。国外的经验证明，这样生出来的孩子目前还没有发现感染上艾滋病的。

另一种是当女性为 HIV 阳性，男性为阴性时，可以采取母婴阻断技术，阻止病毒传给婴儿。一方面母亲怀孕期间要服药，婴儿出生后也要服药；另一方面还必须采取剖宫产，并且不得采用母乳喂养。无论是哪一种情况，最重要的就是要有艾滋病防治专业人员的技术支持。

(二)加强孕产妇保健

医疗保健机构应当开展艾滋病病人母婴保健、孕产妇保健、胎儿保健和新生儿保健指导，为艾滋病孕龄妇女和孕产妇提供有关避孕、节育、生育、不育和生殖健康的咨询及医疗保健服务。

（三）人工授精的控制

随着社会文明的发展，人工授精已逐渐为人们所接受，也已经成为人类社会辅助生殖的一种方式。对艾滋病病人进行人工授精，除了对其精子质量进行检测以外，还要进行抗体检测，一方面可以避免艾滋病的传播，另一方面还可以避免新生儿成为无辜的受害者。

三、艾滋病病人的劳动权

劳动权又称劳动保障权，指获得劳动机会和适当劳动条件的权利，还包括取得劳动报酬的权利。

《传染病防治法》第16条第2款规定："传染病病人、病原携带者和疑似传染病病人，在治愈前或者在排除传染病嫌疑前，不得从事法律、行政法规和国务院卫生行政部门规定禁止从事的易使该传染病扩散的工作。"《艾滋病防治条例》第4章第47条规定："县级以上地方人民政府有关部门应当创造条件，扶持有劳动能力的艾滋病病毒感染者和艾滋病病人，从事力所能及的生产和工作。"

国家和社会应当关心、帮助艾滋病病人，使其得到及时救治。任何单位和个人不得歧视艾滋病病人。但由于艾滋病具有传染性，艾滋病病人的劳动权利不可避免要受到一定的限制。因此，在对艾滋病病人的劳动权利保障上，应采取保障劳动权与特定行业禁止这种双管齐下的立法方法。

拓展阅读

HIV职业暴露的处理

1. HIV职业暴露的定义及风险评估

HIV职业暴露是指卫生保健人员在职业工作中与HIV感染者的血液、组织、体液或受HIV污染的医疗器械及设备等接触而具有感染HIV的危险。确定具有传染性的暴露源包括血液、体液、精液和阴道分泌物。脑脊液、关节液、胸腔积液、腹水、心包积液、羊水也具有传染性，但其引起感染的危险程度尚不明确。粪便、鼻分泌物、唾液、痰液、汗液、泪液、尿液及呕吐物通常认为不具有传染性。

发生职业暴露的途径有针刺伤、不完整皮肤或黏膜接触暴露源。例如，暴露源为血液，经针刺暴露感染HIV的风险约为0.3%，经黏膜暴露而感染的风险为0.09%，经不完整皮肤暴露的风险度尚不明确，一般认为比黏膜暴露低。以下因素会增加感染风险：深度针刺伤（尤其是空心针）、暴露量大（晚期艾滋病病人或未经治疗病人的体内病毒载量高）、污染器械直接刺破血管等。

2. HIV职业暴露后的局部处理

发生HIV暴露后，要及时进行局部污染皮肤或黏膜的处理：轻柔挤压伤处，尽可能挤出损伤处的血液，再用肥皂液、流动的清水或生理盐水冲洗伤口；用75%的酒精或0.5%的碘伏对伤口局部进行消毒和包扎处理。

3. 职业暴露危险评估及预防用药

发生HIV暴露后要进行感染风险评估，如感染风险较高，一般需要做暴露后药物预防；如感染风险较低，则应权衡感染风险和用药不良反应后慎重作出决定。在发生HIV暴露后尽可能在最短的时间内（尽可能在2小时内）进行预防性用药，最好不超过24小时，即使超过24小时，也建议实施预防性用药。基本用药方案和强化用药方案的疗程均为28天。

4. HIV职业暴露后随访监测

发生HIV暴露后要立即进行上述处理，并在之后的4周、8周、12周和6个月检测HIV抗体。一般不推荐进行HIVP-24抗原检测和HIV-RNA测定。发生HIV暴露后，要定期进行随访，特殊情况下，如暴露者存在基础疾患，免疫功能差，产生抗体延迟，可适当延长HIV抗体检测的随访时间，长期从事艾滋病相关工作的人员应随访到1年。

案例分析

2016年12月初，“艾滋病拆迁队”进入河南省南阳市某小区并恐吓居民：“不搬走就感染你们。”他们有时还半夜放鞭炮扰民。此事件引起社会广泛关注。

2016年12月27日，河南省南阳市公布“艾滋病拆迁队”调查结果：幕后黑手为某房地产开发公司，该房地产开发公司雇用社会人员刘某某组成所谓拆迁办公室，之后刘某某组织6名艾滋病病人组成“艾滋病拆迁队”。该案件5名嫌疑人被控制，多名官员被处理。

河南省南阳市的“艾滋病拆迁队”所引发的一系列事件持续发酵，引起了社会的广泛关注和讨论，无良的开发商利用社会对艾滋病的恐惧，把艾滋病病人当枪使，实现拆迁、讨债的目的。这种方式虽不是赤裸裸的暴力，但事实上其隐含的威胁性与恐怖性丝毫不亚于暴力行为，因为这仍然是以威胁对方的生命安全为手段的一种行为。而且由于艾滋病的特殊性，对普通人来说，相比赤裸裸的暴力行为，这种行为的威胁性与恐怖性有过之而无不及。但该事件所凸显的更重要的问题不仅是暴力拆迁下利益对抗的法律问题，更是如何用法律有效地对待艾滋病病人群体犯罪的问题。

《艾滋病防治条例》第六十二条规定：“艾滋病病毒感染者或者艾滋病病人故意传播艾滋病的，依法承担民事赔偿责任；构成犯罪的，依法追究刑事责任。”同时，对于造成艾滋病传播等事故的责任人和主要负责人追究其责任。

在利益的引诱下，某些艾滋病病人利用人们对于艾滋病的恐惧而违法犯罪并不罕见，但是政府却一直缺乏适当的应对措施，原因主要是缺乏必要的物质设施，甚至不具备针对艾滋病病人的关押条件，这就无形中纵容了某些艾滋病病人的违法犯罪行为，也给某些人拿艾滋病病人当枪使提供了司法的漏洞。

由案例可知，艾滋病病人的违法行为之所以具有严重社会危害性，在于艾滋病具有高传染性和不可治愈性，因此必须由《刑法》加以限制。

知识回顾

本章首先讲述了对故意传播艾滋病的处罚，其中控制艾滋病违法的整治机制的主要方法有健全我国相关的法律制度、完善应急和防范系统的运行机制等；其次讲述了艾滋病病人的婚姻权、生育权和劳动权都是其不可剥夺的权利。

想一想

1. 如何控制艾滋病违法传播？
2. 简述艾滋病病人的婚姻权、生育权和劳动权。

思政园地★

“红丝带学校”校长郭小平：我见到他的时候，就注定要承担他生命的责任

每天早7点和晚7点，30多名从五六岁到十几岁不等的学生，每个人都必须在学校的治疗室集中服药。只有这样他们才能保持健康，延续生命，因为威胁他们健康的是人类至今不能治愈的艾滋病。

这是山西临汾红丝带学校，也是国内唯一一所艾滋病患儿学校。15年前，郭小平建起了这所为艾滋病患儿提供安身之所和教育机会的学校，使这里成为他们栖息的港湾。

1. 让孩子们保持健康和有尊严地活着

20世纪90年代，国内出现了一批因卖血和输血而感染艾滋病毒的人。21世纪初，通过母婴传播而感染的孩子们开始发病，临汾市传染病医院接收了一批小患者，时任医院院长的郭小平从那时便开始接触艾滋病儿童。

当时没有抗病毒药，孩子们反复发病、反复住院，后来就一直在病区待着。身为医生，郭小平更加知道，这些孩子面临的绝不只是治疗上的困境。

“他们当中有很多人的父母去世了，孩子在发病，谁管？他们面对的就是上学，肯定是上不了。”更何况孩子们得长期治疗，周围人都知道了，再去学校肯定有困难。为了让孩子拥有受教育的机会，郭小平在病区成立了爱心小课堂，买了四张课桌，组织医护人员轮流上课教孩子们读书、写字。

2006年，在社会爱心人士的帮助下，爱心小课堂变成了红丝带学校，郭小平兼任校长。红丝带学校的孩子们不仅经受过病痛的折磨，也经历过被孤立甚至被赶出村庄的遭遇，保持健康和有尊严地活着，是这所学校想要带给孩子们的。

2015年，郭小平做出了一个让很多人震惊的决定，他辞去所担任的临汾市传染病医院院长职务，全职担任红丝带学校的校长。当被问到做学校校长，经济收入上是不是差距很大时，郭小平回答说：“我的视线已经转移到其他地方去了，已经不是考虑工资的问题了，到了学校，更多的时候就是考虑药品、考虑健康。”

全职担任校长后，郭小平有了更多时间陪伴孩子们，他们吃什么、体温怎么样、心理上有没有困惑，郭小平都能了然于心。“别人问我的时候，我就说我是‘调’进去的”，郭小平觉得跟孩子们待的时间长了，就“掉”进了感情里。“人最怕有感情，有了感情就出不来了。”郭小平说，医院不缺一名院长，而红丝带学校缺一名校长、一名家长。

2. 不伤害别人，这是你的底线

关于孩子能活多久的事，郭小平心里也没底。孩子的免疫力不如大人，身体时常溃烂或者有并发其他症状，能撑多久真的是一个未知数。虽然痛在心里，但是郭小平却从来没想过打退堂鼓。

所幸，2005年抗病毒药物出现了一丝新希望，这让郭小平有了一定的信心。用上新药物的孩子们病情得到了一定程度的控制，身体也一天天好了起来。身体好了能上课了，但上课得有老师，老师怎

么找又成了一大难题。

2005 年到 2011 年，在红丝带学校任课的教师没有任职时间超过半年的，最多的时候一周就换了三位，甚至还出现过穿隔离服来上课的现象。红丝带学校的艰难由此可见一斑。

坚持总会有结果，政府看到了红丝带学校的现状后，除了主动提供帮助，还在 2011 年将红丝带学校正式纳入国家义务教育行列。有了正规学校的编制，加上防艾宣传的开展，老师的问题终于解决了。

2017 年高考，红丝带学校终于有了第一批高中毕业生。16 个学生毕业，考上大学的有 15 人。郭小平的努力，总算是看到了回报。在身边待了十几年的孩子们考上大学离开这里，郭小平心里也十分不舍，“娃娃们跟了我十几年，怎么能不想？鸟儿长大了，总要往外飞；如果他们飞不动了，有什么问题或者受伤了，我还在这儿等着他们！”

孩子们要上大学了，但药一天都不能停。如何让孩子们按时服药又不被同学怀疑？郭小平让孩子们把药瓶上的字去掉或者用其他普通药物包装替代，因为孩子一旦暴露自己感染了艾滋病，“在大学里他是待不住的”。

“人要光明磊落、要诚实，但这些都建立在生存的基础上。不告诉同学自己是 HIV 感染者，对他们自己也是一种心理负担，这件事对这些感染的孩子来说就是天。但为了能够把大学读下去，为了生存，他们必须面对这件事。”

除此之外，离家前郭小平对孩子们一再强调要做到两点：第一，保护好自己，把药吃好；第二，要保护别人，不要再制造受害者。“能不能帮助社会，看你的能力大小，但不伤害别人，不危害社会，这是你的底线。”

3. 注定要承担他们生命的责任

送走第一批大学生后，红丝带学校又先后接收了来自全国各地的 HIV 孤儿感染者 14 人，大环境的进步让郭小平对孩子的未来有了更多的信心。

郭小平经常跟学校里的男孩说，咱们学校最重要的是女孩，有好东西得给女孩，不能紧着你们来。过去，郭小平觉着孩子们“拉拉扯扯地就拉大了”，但现在不仅要让他们大了以后能自己养活自己，体面一点也很重要。因此，郭小平给孩子们请美术老师，给女孩买汉服。看着孩子们穿着汉服，裙摆飘逸掠过院子，看着孩子们浓墨重彩的画作，郭小平不禁嘴角泛起了微笑。

红丝带学校成立 15 年来，已经有 21 名学生毕业，在校学生有 31 名。毕业的孩子们回到红丝带学校，郭小平除了让他们吃好睡好，还必须带他们去做关于艾滋病毒的各项指标检查，以确认他们在外面是否按时服药，否则他心里总不踏实。

跟孩子们朝夕相处了 15 年，郭小平说自己都没有操心过自己的闺女。在学校里，孩子们都叫郭小平“伯伯”。对郭小平而言，他跟孩子的这种关系绝不是校长跟学生的关系这么简单，也不是一个普通的家长跟孩子的关系这么简单。

“因为他们见到我的时候，把生命寄托于我；我见到他们的时候，已经注定我要承担起这种责任。”十几年来每一个不平凡的日夜，郭小平都和孩子们共同走过，在这段生命历程中，郭小平让他们更健康、更有尊严，也有更多机会去追求与选择更好的人生。

（资料来源：央视网，2021 年 1 月 7 日，有改动）

讨论：

你如何看待艾滋病群体，在日常生活中我们应该如何预防？

第五部分 附录

附录一 《中华人民共和国禁毒法》

第一章　总则

第一条　为了预防和惩治毒品违法犯罪行为，保护公民身心健康，维护社会秩序，制定本法。

第二条　本法所称毒品，是指鸦片、海洛因、甲基苯丙胺(冰毒)、吗啡、大麻、可卡因，以及国家规定管制的其他能够使人形成瘾癖的麻醉药品和精神药品。

根据医疗、教学、科研的需要，依法可以生产、经营、使用、储存、运输麻醉药品和精神药品。

第三条　禁毒是全社会的共同责任。国家机关、社会团体、企业事业单位以及其他组织和公民，应当依照本法和有关法律的规定，履行禁毒职责或者义务。

第四条　禁毒工作实行预防为主，综合治理，禁种、禁制、禁贩、禁吸并举的方针。

禁毒工作实行政府统一领导，有关部门各负其责，社会广泛参与的工作机制。

第五条　国务院设立国家禁毒委员会，负责组织、协调、指导全国的禁毒工作。

县级以上地方各级人民政府根据禁毒工作的需要，可以设立禁毒委员会，负责组织、协调、指导本行政区域内的禁毒工作。

第六条　县级以上各级人民政府应当将禁毒工作纳入国民经济和社会发展规划，并将禁毒经费列入本级财政预算。

第七条　国家鼓励对禁毒工作的社会捐赠，并依法给予税收优惠。

第八条　国家鼓励开展禁毒科学技术研究，推广先进的缉毒技术、装备和戒毒方法。

第九条　国家鼓励公民举报毒品违法犯罪行为。各级人民政府和有关部门应当对举报人予以保护，对举报有功人员以及在禁毒工作中有突出贡献的单位和个人，给予表彰和奖励。

第十条　国家鼓励志愿人员参与禁毒宣传教育和戒毒社会服务工作。地方各级人民政府应当对志愿人员进行指导、培训，并提供必要的工作条件。

第二章　禁毒宣传教育

第十一条　国家采取各种形式开展全民禁毒宣传教育，普及毒品预防知识，增强公民的禁毒意识，提高公民自觉抵制毒品的能力。

国家鼓励公民、组织开展公益性的禁毒宣传活动。

第十二条　各级人民政府应当经常组织开展多种形式的禁毒宣传教育。

工会、共产主义青年团、妇女联合会应当结合各自工作对象的特点，组织开展禁毒宣传教育。

第十三条　教育行政部门、学校应当将禁毒知识纳入教育、教学内容，对学生进行禁毒宣传教育。公安机关、司法行政部门和卫生行政部门应当予以协助。

第十四条 新闻、出版、文化、广播、电影、电视等有关单位，应当有针对性地面向社会进行禁毒宣传教育。

第十五条 飞机场、火车站、长途汽车站、码头以及旅店、娱乐场所等公共场所的经营者、管理者，负责本场所的禁毒宣传教育，落实禁毒防范措施，预防毒品违法犯罪行为在本场所内发生。

第十六条 国家机关、社会团体、企业事业单位以及其他组织，应当加强对本单位人员的禁毒宣传教育。

第十七条 居民委员会、村民委员会应当协助人民政府以及公安机关等部门，加强禁毒宣传教育，落实禁毒防范措施。

第十八条 未成年人的父母或者其他监护人应当对未成年人进行毒品危害的教育，防止其吸食、注射毒品或者进行其他毒品违法犯罪活动。

第三章 毒品管制

第十九条 国家对麻醉药品药用原植物种植实行管制。禁止非法种植罂粟、古柯植物、大麻植物以及国家规定管制的可以用于提炼加工毒品的其他原植物。禁止走私或者非法买卖、运输、携带、持有未经灭活的毒品原植物种子或者幼苗。

地方各级人民政府发现非法种植毒品原植物的，应当立即采取措施予以制止、铲除。村民委员会、居民委员会发现非法种植毒品原植物的，应当及时予以制止、铲除，并向当地公安机关报告。

第二十条 国家确定的麻醉药品药用原植物种植企业，必须按照国家有关规定种植麻醉药品药用原植物。

国家确定的麻醉药品药用原植物种植企业的提取加工场所，以及国家设立的麻醉药品储存仓库，列为国家重点警戒目标。

未经许可，擅自进入国家确定的麻醉药品药用原植物种植企业的提取加工场所或者国家设立的麻醉药品储存仓库等警戒区域的，由警戒人员责令其立即离开；拒不离开的，强行带离现场。

第二十一条 国家对麻醉药品和精神药品实行管制，对麻醉药品和精神药品的实验研究、生产、经营、使用、储存、运输实行许可和查验制度。

国家对易制毒化学品的生产、经营、购买、运输实行许可制度。

禁止非法生产、买卖、运输、储存、提供、持有、使用麻醉药品、精神药品和易制毒化学品。

第二十二条 国家对麻醉药品、精神药品和易制毒化学品的进口、出口实行许可制度。国务院有关部门应当按照规定的职责，对进口、出口麻醉药品、精神药品和易制毒化学品依法进行管理。禁止走私麻醉药品、精神药品和易制毒化学品。

第二十三条 发生麻醉药品、精神药品和易制毒化学品被盗、被抢、丢失或者其他流入非法渠道的情形，案发单位应当立即采取必要的控制措施，并立即向公安机关报告，同时依照规定向有关主管部门报告。

公安机关接到报告后，或者有证据证明麻醉药品、精神药品和易制毒化学品可能流入非法渠道的，应当及时开展调查，并可以对相关单位采取必要的控制措施。药品监督管理部门、卫生行政部门以及其他有关部门应当配合公安机关开展工作。

第二十四条 禁止非法传授麻醉药品、精神药品和易制毒化学品的制造方法。公安机关接到举报或者发现非法传授麻醉药品、精神药品和易制毒化学品制造方法的，应当及时依法查处。

第二十五条 麻醉药品、精神药品和易制毒化学品管理的具体办法，由国务院规定。

第二十六条 公安机关根据查缉毒品的需要，可以在边境地区、交通要道、口岸以及飞机场、火车站、长途汽车站、码头对来往人员、物品、货物以及交通工具进行毒品和易制毒化学品检查，民航、铁路、交通部门应当予以配合。

海关应当依法加强对进出口岸的人员、物品、货物和运输工具的检查，防止走私毒品和易制毒化学品。

邮政企业应当依法加强对邮件的检查，防止邮寄毒品和非法邮寄易制毒化学品。

第二十七条 娱乐场所应当建立巡查制度，发现娱乐场所内有毒品违法犯罪活动的，应当立即向公安机关报告。

第二十八条 对依法查获的毒品，吸食、注射毒品的用具，毒品违法犯罪的非法所得及其收益，以及直接用于实施毒品违法犯罪行为的本人所有的工具、设备、资金，应当收缴，依照规定处理。

第二十九条 反洗钱行政主管部门应当依法加强对可疑毒品犯罪资金的监测。反洗钱行政主管部门和其他依法负有反洗钱监督管理职责的部门、机构发现涉嫌毒品犯罪的资金流动情况，应当及时向侦查机关报告，并配合侦查机关做好侦查、调查工作。

第三十条 国家建立健全毒品监测和禁毒信息系统，开展毒品监测和禁毒信息的收集、分析、使用、交流工作。

第四章 戒毒措施

第三十一条 国家采取各种措施帮助吸毒人员戒除毒瘾，教育和挽救吸毒人员。

吸毒成瘾人员应当进行戒毒治疗。

吸毒成瘾的认定办法，由国务院卫生行政部门、药品监督管理部门、公安部门规定。

第三十二条 公安机关可以对涉嫌吸毒的人员进行必要的检测，被检测人员应当予以配合；对拒绝接受检测的，经县级以上人民政府公安机关或者其派出机构负责人批准，可以强制检测。

公安机关应当对吸毒人员进行登记。

第三十三条 对吸毒成瘾人员，公安机关可以责令其接受社区戒毒，同时通知吸毒人员户籍所在地或者现居住地的城市街道办事处、乡镇人民政府。社区戒毒的期限为三年。

戒毒人员应当在户籍所在地接受社区戒毒；在户籍所在地以外的现居住地有固定住所的，可以在现居住地接受社区戒毒。

第三十四条 城市街道办事处、乡镇人民政府负责社区戒毒工作。城市街道办事处、乡镇人民政府可以指定有关基层组织，根据戒毒人员本人和家庭情况，与戒毒人员签订社区戒毒协议，落实有针对性的社区戒毒措施。公安机关和司法行政、卫生行政、民政等部门应当对社区戒毒工作提供指导和协助。

城市街道办事处、乡镇人民政府，以及县级人民政府劳动行政部门对无职业且缺乏就业能力的戒毒人员，应当提供必要的职业技能培训、就业指导和就业援助。

第三十五条 接受社区戒毒的戒毒人员应当遵守法律、法规，自觉履行社区戒毒协议，并根据公安机关的要求，定期接受检测。

对违反社区戒毒协议的戒毒人员，参与社区戒毒的工作人员应当进行批评、教育；对严重违反社区戒毒协议或者在社区戒毒期间又吸食、注射毒品的，应当及时向公安机关报告。

第三十六条 吸毒人员可以自行到具有戒毒治疗资质的医疗机构接受戒毒治疗。

设置戒毒医疗机构或者医疗机构从事戒毒治疗业务的，应当符合国务院卫生行政部门规定的条件，报所在地的省、自治区、直辖市人民政府卫生行政部门批准，并报同级公安机关备案。戒毒治疗应当遵守国务院卫生行政部门制定的戒毒治疗规范，接受卫生行政部门的监督检查。

戒毒治疗不得以营利为目的。戒毒治疗的药品、医疗器械和治疗方法不得做广告。戒毒治疗收取费用的，应当按照省、自治区、直辖市人民政府价格主管部门会同卫生行政部门制定的收费标准执行。

第三十七条 医疗机构根据戒毒治疗的需要，可以对接受戒毒治疗的戒毒人员进行身体和所携带物品的检查；对在治疗期间有人身危险的，可以采取必要的临时保护性约束措施。

发现接受戒毒治疗的戒毒人员在治疗期间吸食、注射毒品的，医疗机构应当及时向公安机关报告。

第三十八条 吸毒成瘾人员有下列情形之一的，由县级以上人民政府公安机关作出强制隔离戒毒的决定：

(一)拒绝接受社区戒毒的；

(二)在社区戒毒期间吸食、注射毒品的；

(三)严重违反社区戒毒协议的；

(四)经社区戒毒、强制隔离戒毒后再次吸食、注射毒品的。

对于吸毒成瘾严重，通过社区戒毒难以戒除毒瘾的人员，公安机关可以直接作出强制隔离戒毒的决定。

吸毒成瘾人员自愿接受强制隔离戒毒的，经公安机关同意，可以进入强制隔离戒毒场所戒毒。

第三十九条 怀孕或者正在哺乳自己不满一周岁婴儿的妇女吸毒成瘾的，不适用强制隔离戒毒。不满十六周岁的未成年人吸毒成瘾的，可以不适用强制隔离戒毒。

对依照前款规定不适用强制隔离戒毒的吸毒成瘾人员，依照本法规定进行社区戒毒，由负责社区戒毒工作的城市街道办事处、乡镇人民政府加强帮助、教育和监督，督促落实社区戒毒措施。

第四十条 公安机关对吸毒成瘾人员决定予以强制隔离戒毒的，应当制作强制隔离戒毒决定书，在执行强制隔离戒毒前送达被决定人，并在送达后二十四小时以内通知被决定人的家属、所在单位和户籍所在地公安派出所；被决定人不讲真实姓名、住址，身份不明的，公安机关应当自查清其身份后通知。

被决定人对公安机关作出的强制隔离戒毒决定不服的，可以依法申请行政复议或者提起行政诉讼。

第四十一条 对被决定予以强制隔离戒毒的人员，由作出决定的公安机关送强制隔离戒毒场所执行。

强制隔离戒毒场所的设置、管理体制和经费保障，由国务院规定。

第四十二条 戒毒人员进入强制隔离戒毒场所戒毒时，应当接受对其身体和所携带物品的检查。

第四十三条 强制隔离戒毒场所应当根据戒毒人员吸食、注射毒品的种类及成瘾程度等，对戒毒人员进行有针对性的生理、心理治疗和身体康复训练。

根据戒毒的需要，强制隔离戒毒场所可以组织戒毒人员参加必要的生产劳动，对戒毒人员进行职业技能培训。组织戒毒人员参加生产劳动的，应当支付劳动报酬。

第四十四条 强制隔离戒毒场所应当根据戒毒人员的性别、年龄、患病等情况，对戒毒人员实行分别管理。

强制隔离戒毒场所对有严重残疾或者疾病的戒毒人员，应当给予必要的看护和治疗；对患有传染病的戒毒人员，应当依法采取必要的隔离、治疗措施；对可能发生自伤、自残等情形的戒毒人员，可以采取相应的保护性约束措施。

强制隔离戒毒场所管理人员不得体罚、虐待或者侮辱戒毒人员。

第四十五条 强制隔离戒毒场所应当根据戒毒治疗的需要配备执业医师。强制隔离戒毒场所的执业医师具有麻醉药品和精神药品处方权的，可以按照有关技术规范对戒毒人员使用麻醉药品、精神药品。

卫生行政部门应当加强对强制隔离戒毒场所执业医师的业务指导和监督管理。

第四十六条 戒毒人员的亲属和所在单位或者就读学校的工作人员，可以按照有关规定探访戒毒人员。戒毒人员经强制隔离戒毒场所批准，可以外出探视配偶、直系亲属。

强制隔离戒毒场所管理人员应当对强制隔离戒毒场所以外的人员交给戒毒人员的物品和邮件进行检查，防止夹带毒品。在检查邮件时，应当依法保护戒毒人员的通信自由和通信秘密。

第四十七条 强制隔离戒毒的期限为二年。

执行强制隔离戒毒一年后，经诊断评估，对于戒毒情况良好的戒毒人员，强制隔离戒毒场所可以提出提前解除强制隔离戒毒的意见，报强制隔离戒毒的决定机关批准。

强制隔离戒毒期满前，经诊断评估，对于需要延长戒毒期限的戒毒人员，由强制隔离戒毒场所提出延长戒毒期限的意见，报强制隔离戒毒的决定机关批准。强制隔离戒毒的期限最长可以延长一年。

第四十八条 对于被解除强制隔离戒毒的人员，强制隔离戒毒的决定机关可以责令其接受不超过三年的社区康复。

社区康复参照本法关于社区戒毒的规定实施。

第四十九条 县级以上地方各级人民政府根据戒毒工作的需要，可以开办戒毒康复场所；对社会力量依法开办的公益性戒毒康复场所应当给予扶持，提供必要的便利和帮助。

戒毒人员可以自愿在戒毒康复场所生活、劳动。戒毒康复场所组织戒毒人员参加生产劳动的，应当参照国家劳动用工制度的规定支付劳动报酬。

第五十条 公安机关、司法行政部门对被依法拘留、逮捕、收监执行刑罚以及被依法采取强制性教育措施的吸毒人员，应当给予必要的戒毒治疗。

第五十一条 省、自治区、直辖市人民政府卫生行政部门会同公安机关、药品监督管理部门依照国家有关规定，根据巩固戒毒成果的需要和本行政区域艾滋病流行情况，可以组织开展戒毒药物维持治疗工作。

第五十二条 戒毒人员在入学、就业、享受社会保障等方面不受歧视。有关部门、组织和人员应当在入学、就业、享受社会保障等方面对戒毒人员给予必要的指导和帮助。

第五章 禁毒国际合作

第五十三条 中华人民共和国根据缔结或者参加的国际条约或者按照对等原则，开展禁毒国际合作。

第五十四条 国家禁毒委员会根据国务院授权，负责组织开展禁毒国际合作，履行国际禁毒公约义务。

第五十五条 涉及追究毒品犯罪的司法协助，由司法机关依照有关法律的规定办理。

第五十六条 国务院有关部门应当按照各自职责，加强与有关国家或者地区执法机关以及国际组织的禁毒情报信息交流，依法开展禁毒执法合作。

经国务院公安部门批准，边境地区县级以上人民政府公安机关可以与有关国家或者地区的执法机关开展执法合作。

第五十七条 通过禁毒国际合作破获毒品犯罪案件的，中华人民共和国政府可以与有关国家分享查获的非法所得、由非法所得获得的收益以及供毒品犯罪使用的财物或者财物变卖所得的款项。

第五十八条 国务院有关部门根据国务院授权，可以通过对外援助等渠道，支持有关国家实施毒品原植物替代种植、发展替代产业。

第六章 法律责任

第五十九条 有下列行为之一，构成犯罪的，依法追究刑事责任；尚不构成犯罪的，依法给予治安管理处罚：

(一)走私、贩卖、运输、制造毒品的；

(二)非法持有毒品的；

(三)非法种植毒品原植物的；

(四)非法买卖、运输、携带、持有未经灭活的毒品原植物种子或者幼苗的；

(五)非法传授麻醉药品、精神药品或者易制毒化学品制造方法的；

(六)强迫、引诱、教唆、欺骗他人吸食、注射毒品的；

(七)向他人提供毒品的。

第六十条 有下列行为之一，构成犯罪的，依法追究刑事责任；尚不构成犯罪的，依法给予治安管理处罚：

(一)包庇走私、贩卖、运输、制造毒品的犯罪分子，以及为犯罪分子窝藏、转移、隐瞒毒品或者犯罪所得财物的；

(二)在公安机关查处毒品违法犯罪活动时为违法犯罪行为人通风报信的；

(三)阻碍依法进行毒品检查的；

(四)隐藏、转移、变卖或者损毁司法机关、行政执法机关依法扣押、查封、冻结的涉及毒品违法犯罪活动的财物的。

第六十一条 容留他人吸食、注射毒品或者介绍买卖毒品，构成犯罪的，依法追究刑事责任；尚不构成犯罪的，由公安机关处十日以上十五日以下拘留，可以并处三千元以下罚款；情节较轻的，处五日以下拘留或者五百元以下罚款。

第六十二条 吸食、注射毒品的，依法给予治安管理处罚。吸毒人员主动到公安机关登记或者到有资质的医疗机构接受戒毒治疗的，不予处罚。

第六十三条 在麻醉药品、精神药品的实验研究、生产、经营、使用、储存、运输、进口、出口以及麻醉药品药用原植物种植活动中，违反国家规定，致使麻醉药品、精神药品或者麻醉药品药用原植物流入非法渠道，构成犯罪的，依法追究刑事责任；尚不构成犯罪的，依照有关法律、行政法规的规定给予处罚。

第六十四条 在易制毒化学品的生产、经营、购买、运输或者进口、出口活动中，违反国家规定，致使易制毒化学品流入非法渠道，构成犯罪的，依法追究刑事责任；尚不构成犯罪的，依照有关法律、行政法规的规定给予处罚。

第六十五条 娱乐场所及其从业人员实施毒品违法犯罪行为，或者为进入娱乐场所的人员实施毒品违法犯罪行为提供条件，构成犯罪的，依法追究刑事责任；尚不构成犯罪的，依照有关法律、行政法规的规定给予处罚。

娱乐场所经营管理人员明知场所内发生聚众吸食、注射毒品或者贩毒活动，不向公安机关报告的，依照前款的规定给予处罚。

第六十六条 未经批准，擅自从事戒毒治疗业务的，由卫生行政部门责令停止违法业务活动，没收违法所得和使用的药品、医疗器械等物品；构成犯罪的，依法追究刑事责任。

第六十七条 戒毒医疗机构发现接受戒毒治疗的戒毒人员在治疗期间吸食、注射毒品，不向公安机关报告的，由卫生行政部门责令改正；情节严重的，责令停业整顿。

第六十八条 强制隔离戒毒场所、医疗机构、医师违反规定使用麻醉药品、精神药品，构成犯罪的，依法追究刑事责任；尚不构成犯罪的，依照有关法律、行政法规的规定给予处罚。

第六十九条 公安机关、司法行政部门或者其他有关主管部门的工作人员在禁毒工作中有下列行为之一，构成犯罪的，依法追究刑事责任；尚不构成犯罪的，依法给予处分：

(一)包庇、纵容毒品违法犯罪人员的；

(二)对戒毒人员有体罚、虐待、侮辱等行为的；

(三)挪用、截留、克扣禁毒经费的；

(四)擅自处分查获的毒品和扣押、查封、冻结的涉及毒品违法犯罪活动的财物的。

第七十条 有关单位及其工作人员在入学、就业、享受社会保障等方面歧视戒毒人员的，由教育行政部门、劳动行政部门责令改正；给当事人造成损失的，依法承担赔偿责任。

第七章　附则

第七十一条 本法自2008年6月1日起施行。《全国人民代表大会常务委员会关于禁毒的决定》同时废止。

附录二 《戒毒条例》

第一章 总则

第一条 为了规范戒毒工作，帮助吸毒成瘾人员戒除毒瘾，维护社会秩序，根据《中华人民共和国禁毒法》，制定本条例。

第二条 县级以上人民政府应当建立政府统一领导，禁毒委员会组织、协调、指导，有关部门各负其责，社会力量广泛参与的戒毒工作体制。

戒毒工作坚持以人为本、科学戒毒、综合矫治、关怀救助的原则，采取自愿戒毒、社区戒毒、强制隔离戒毒、社区康复等多种措施，建立戒毒治疗、康复指导、救助服务兼备的工作体系。

第三条 县级以上人民政府应当按照国家有关规定将戒毒工作所需经费列入本级财政预算。

第四条 县级以上地方人民政府设立的禁毒委员会可以组织公安机关、卫生行政和药品监督管理部门开展吸毒监测、调查，并向社会公开监测、调查结果。

县级以上地方人民政府公安机关负责对涉嫌吸毒人员进行检测，对吸毒人员进行登记并依法实行动态管控，依法责令社区戒毒、决定强制隔离戒毒、责令社区康复，管理公安机关的强制隔离戒毒场所、戒毒康复场所，对社区戒毒、社区康复工作提供指导和支持。

设区的市级以上地方人民政府司法行政部门负责管理司法行政部门的强制隔离戒毒场所、戒毒康复场所，对社区戒毒、社区康复工作提供指导和支持。

县级以上地方人民政府卫生行政部门负责戒毒医疗机构的监督管理，会同公安机关、司法行政等部门制定戒毒医疗机构设置规划，对戒毒医疗服务提供指导和支持。

县级以上地方人民政府民政、人力资源社会保障、教育等部门依据各自的职责，对社区戒毒、社区康复工作提供康复和职业技能培训等指导和支持。

第五条 乡（镇）人民政府、城市街道办事处负责社区戒毒、社区康复工作。

第六条 县级、设区的市级人民政府需要设置强制隔离戒毒场所、戒毒康复场所的，应当合理布局，报省、自治区、直辖市人民政府批准，并纳入当地国民经济和社会发展规划。

强制隔离戒毒场所、戒毒康复场所的建设标准，由国务院建设部门、发展改革部门会同国务院公安部门、司法行政部门制定。

第七条 戒毒人员在入学、就业、享受社会保障等方面不受歧视。

对戒毒人员戒毒的个人信息应当依法予以保密。对戒断 3 年未复吸的人员，不再实行动态管控。

第八条 国家鼓励、扶持社会组织、企业、事业单位和个人参与戒毒科研、戒毒社会服务和戒毒社会公益事业。

对在戒毒工作中有显著成绩和突出贡献的，按照国家有关规定给予表彰、奖励。

第二章　自愿戒毒

第九条　国家鼓励吸毒成瘾人员自行戒除毒瘾。吸毒人员可以自行到戒毒医疗机构接受戒毒治疗。对自愿接受戒毒治疗的吸毒人员，公安机关对其原吸毒行为不予处罚。

第十条　戒毒医疗机构应当与自愿戒毒人员或者其监护人签订自愿戒毒协议，就戒毒方法、戒毒期限、戒毒的个人信息保密、戒毒人员应当遵守的规章制度、终止戒毒治疗的情形等作出约定，并应当载明戒毒疗效、戒毒治疗风险。

第十一条　戒毒医疗机构应当履行下列义务：

(一)对自愿戒毒人员开展艾滋病等传染病的预防、咨询教育；

(二)对自愿戒毒人员采取脱毒治疗、心理康复、行为矫治等多种治疗措施，并应当符合国务院卫生行政部门制定的戒毒治疗规范；

(三)采用科学、规范的诊疗技术和方法，使用的药物、医院制剂、医疗器械应当符合国家有关规定；

(四)依法加强药品管理，防止麻醉药品、精神药品流失滥用。

第十二条　符合参加戒毒药物维持治疗条件的戒毒人员，由本人申请，并经登记，可以参加戒毒药物维持治疗。登记参加戒毒药物维持治疗的戒毒人员的信息应当及时报公安机关备案。

戒毒药物维持治疗的管理办法，由国务院卫生行政部门会同国务院公安部门、药品监督管理部门制定。

第三章　社区戒毒

第十三条　对吸毒成瘾人员，县级、设区的市级人民政府公安机关可以责令其接受社区戒毒，并出具责令社区戒毒决定书，送达本人及其家属，通知本人户籍所在地或者现居住地乡(镇)人民政府、城市街道办事处。

第十四条　社区戒毒人员应当自收到责令社区戒毒决定书之日起 15 日内到社区戒毒执行地乡(镇)人民政府、城市街道办事处报到，无正当理由逾期不报到的，视为拒绝接受社区戒毒。

社区戒毒的期限为 3 年，自报到之日起计算。

第十五条　乡(镇)人民政府、城市街道办事处应当根据工作需要成立社区戒毒工作领导小组，配备社区戒毒专职工作人员，制定社区戒毒工作计划，落实社区戒毒措施。

第十六条　乡(镇)人民政府、城市街道办事处，应当在社区戒毒人员报到后及时与其签订社区戒毒协议，明确社区戒毒的具体措施、社区戒毒人员应当遵守的规定以及违反社区戒毒协议应承担的责任。

第十七条　社区戒毒专职工作人员、社区民警、社区医务人员、社区戒毒人员的家庭成员以及禁毒志愿者共同组成社区戒毒工作小组具体实施社区戒毒。

第十八条　乡(镇)人民政府、城市街道办事处和社区戒毒工作小组应当采取下列措施管理、帮助社区戒毒人员：

(一)戒毒知识辅导；

(二)教育、劝诫；

(三)职业技能培训，职业指导，就学、就业、就医援助；

(四)帮助戒毒人员戒除毒瘾的其他措施。

第十九条 社区戒毒人员应当遵守下列规定：

(一)履行社区戒毒协议；

(二)根据公安机关的要求，定期接受检测；

(三)离开社区戒毒执行地所在县(市、区)3日以上的，须书面报告。

第二十条 社区戒毒人员在社区戒毒期间，逃避或者拒绝接受检测3次以上，擅自离开社区戒毒执行地所在县(市、区)3次以上或者累计超过30日的，属于《中华人民共和国禁毒法》规定的“严重违反社区戒毒协议”。

第二十一条 社区戒毒人员拒绝接受社区戒毒，在社区戒毒期间又吸食、注射毒品，以及严重违反社区戒毒协议的，社区戒毒专职工作人员应当及时向当地公安机关报告。

第二十二条 社区戒毒人员的户籍所在地或者现居住地发生变化，需要变更社区戒毒执行地的，社区戒毒执行地乡(镇)人民政府、城市街道办事处应当将有关材料转送至变更后的乡(镇)人民政府、城市街道办事处。

社区戒毒人员应当自社区戒毒执行地变更之日起15日内前往变更后的乡(镇)人民政府、城市街道办事处报到，社区戒毒时间自报到之日起连续计算。

变更后的乡(镇)人民政府、城市街道办事处，应当按照本条例第十六条的规定，与社区戒毒人员签订新的社区戒毒协议，继续执行社区戒毒。

第二十三条 社区戒毒自期满之日起解除。社区戒毒执行地公安机关应当出具解除社区戒毒通知书送达社区戒毒人员本人及其家属，并在7日内通知社区戒毒执行地乡(镇)人民政府、城市街道办事处。

第二十四条 社区戒毒人员被依法收监执行刑罚、采取强制性教育措施的，社区戒毒终止。

社区戒毒人员被依法拘留、逮捕的，社区戒毒中止，由羁押场所给予必要的戒毒治疗，释放后继续接受社区戒毒。

第四章 强制隔离戒毒

第二十五条 吸毒成瘾人员有《中华人民共和国禁毒法》第三十八条第一款所列情形之一的，由县级、设区的市级人民政府公安机关作出强制隔离戒毒的决定。

对于吸毒成瘾严重，通过社区戒毒难以戒除毒瘾的人员，县级、设区的市级人民政府公安机关可以直接作出强制隔离戒毒的决定。

吸毒成瘾人员自愿接受强制隔离戒毒的，经强制隔离戒毒场所所在地县级、设区的市级人民政府公安机关同意，可以进入强制隔离戒毒场所戒毒。强制隔离戒毒场所应当与其就戒毒治疗期限、戒毒治疗措施等作出约定。

第二十六条 对依照《中华人民共和国禁毒法》第三十九条第一款规定不适用强制隔离戒毒的吸毒成瘾人员，县级、设区的市级人民政府公安机关应当作出社区戒毒的决定，依照本条例第三章的规定进行社区戒毒。

第二十七条 强制隔离戒毒的期限为2年，自作出强制隔离戒毒决定之日起计算。

被强制隔离戒毒的人员在公安机关的强制隔离戒毒场所执行强制隔离戒毒3个月至6个月后，转至司法行政部门的强制隔离戒毒场所继续执行强制隔离戒毒。

执行前款规定不具备条件的省、自治区、直辖市，由公安机关和司法行政部门共同提出意见报省、自治区、直辖市人民政府决定具体执行方案，但在公安机关的强制隔离戒毒场所执行强制隔离戒毒的时间不得超过12个月。

第二十八条　强制隔离戒毒场所对强制隔离戒毒人员的身体和携带物品进行检查时发现的毒品等违禁品，应当依法处理；对生活必需品以外的其他物品，由强制隔离戒毒场所代为保管。

女性强制隔离戒毒人员的身体检查，应当由女性工作人员进行。

第二十九条　强制隔离戒毒场所设立戒毒医疗机构应当经所在地省、自治区、直辖市人民政府卫生行政部门批准。强制隔离戒毒场所应当配备设施设备及必要的管理人员，依法为强制隔离戒毒人员提供科学规范的戒毒治疗、心理治疗、身体康复训练和卫生、道德、法制教育，开展职业技能培训。

第三十条　强制隔离戒毒场所应当根据强制隔离戒毒人员的性别、年龄、患病等情况对强制隔离戒毒人员实行分别管理；对吸食不同种类毒品的，应当有针对性地采取必要的治疗措施；根据戒毒治疗的不同阶段和强制隔离戒毒人员的表现，实行逐步适应社会的分级管理。

第三十一条　强制隔离戒毒人员患严重疾病，不出所治疗可能危及生命的，经强制隔离戒毒场所主管机关批准，并报强制隔离戒毒决定机关备案，强制隔离戒毒场所可以允许其所外就医。所外就医的费用由强制隔离戒毒人员本人承担。

所外就医期间，强制隔离戒毒期限连续计算。对于健康状况不再适宜回所执行强制隔离戒毒的，强制隔离戒毒场所应当向强制隔离戒毒决定机关提出变更为社区戒毒的建议，强制隔离戒毒决定机关应当自收到建议之日起 7 日内，作出是否批准的决定。经批准变更为社区戒毒的，已执行的强制隔离戒毒期限折抵社区戒毒期限。

第三十二条　强制隔离戒毒人员脱逃的，强制隔离戒毒场所应当立即通知所在地县级人民政府公安机关，并配合公安机关追回脱逃人员。被追回的强制隔离戒毒人员应当继续执行强制隔离戒毒，脱逃期间不计入强制隔离戒毒期限。被追回的强制隔离戒毒人员不得提前解除强制隔离戒毒。

第三十三条　对强制隔离戒毒场所依照《中华人民共和国禁毒法》第四十七条第二款、第三款规定提出的提前解除强制隔离戒毒、延长戒毒期限的意见，强制隔离戒毒决定机关应当自收到意见之日起 7 日内，作出是否批准的决定。对提前解除强制隔离戒毒或者延长强制隔离戒毒期限的，批准机关应当出具提前解除强制隔离戒毒决定书或者延长强制隔离戒毒期限决定书，送达被决定人，并在送达后 24 小时以内通知被决定人的家属、所在单位以及其户籍所在地或者现居住地公安派出所。

第三十四条　解除强制隔离戒毒的，强制隔离戒毒场所应当在解除强制隔离戒毒 3 日前通知强制隔离戒毒决定机关，出具解除强制隔离戒毒证明书送达戒毒人员本人，并通知其家属、所在单位、其户籍所在地或者现居住地公安派出所将其领回。

第三十五条　强制隔离戒毒诊断评估办法由国务院公安部门、司法行政部门会同国务院卫生行政部门制定。

第三十六条　强制隔离戒毒人员被依法收监执行刑罚、采取强制性教育措施或者被依法拘留、逮捕的，由监管场所、羁押场所给予必要的戒毒治疗，强制隔离戒毒的时间连续计算；刑罚执行完毕时、解除强制性教育措施时或者释放时强制隔离戒毒尚未期满的，继续执行强制隔离戒毒。

第五章　社区康复

第三十七条　对解除强制隔离戒毒的人员，强制隔离戒毒的决定机关可以责令其接受不超过 3 年的社区康复。

社区康复在当事人户籍所在地或者现居住地乡（镇）人民政府、城市街道办事处执行，经当事人同意，也可以在戒毒康复场所中执行。

第三十八条　被责令接受社区康复的人员，应当自收到责令社区康复决定书之日起 15 日内到户籍所在地或者现居住地乡（镇）人民政府、城市街道办事处报到，签订社区康复协议。

被责令接受社区康复的人员拒绝接受社区康复或者严重违反社区康复协议，并再次吸食、注射毒品被决定强制隔离戒毒的，强制隔离戒毒不得提前解除。

第三十九条 负责社区康复工作的人员应当为社区康复人员提供必要的心理治疗和辅导、职业技能培训、职业指导以及就学、就业、就医援助。

第四十条 社区康复自期满之日起解除。社区康复执行地公安机关出具解除社区康复通知书送达社区康复人员本人及其家属，并在7日内通知社区康复执行地乡(镇)人民政府、城市街道办事处。

第四十一条 自愿戒毒人员、社区戒毒、社区康复的人员可以自愿与戒毒康复场所签订协议，到戒毒康复场所戒毒康复、生活和劳动。

戒毒康复场所应当配备必要的管理人员和医务人员，为戒毒人员提供戒毒康复、职业技能培训和生产劳动条件。

第四十二条 戒毒康复场所应当加强管理，严禁毒品流入，并建立戒毒康复人员自我管理、自我教育、自我服务的机制。

戒毒康复场所组织戒毒人员参加生产劳动，应当参照国家劳动用工制度的规定支付劳动报酬。

第六章 法律责任

第四十三条 公安、司法行政、卫生行政等有关部门工作人员泄露戒毒人员个人信息的，依法给予处分；构成犯罪的，依法追究刑事责任。

第四十四条 乡(镇)人民政府、城市街道办事处负责社区戒毒、社区康复工作的人员有下列行为之一的，依法给予处分：

(一)未与社区戒毒、社区康复人员签订社区戒毒、社区康复协议，不落实社区戒毒、社区康复措施的；

(二)不履行本条例第二十一条规定的报告义务的；

(三)其他不履行社区戒毒、社区康复监督职责的行为。

第四十五条 强制隔离戒毒场所的工作人员有下列行为之一的，依法给予处分；构成犯罪的，依法追究刑事责任：

(一)侮辱、虐待、体罚强制隔离戒毒人员的；

(二)收受、索要财物的；

(三)擅自使用、损毁、处理没收或者代为保管的财物的；

(四)为强制隔离戒毒人员提供麻醉药品、精神药品或者违反规定传递其他物品的；

(五)在强制隔离戒毒诊断评估工作中弄虚作假的；

(六)私放强制隔离戒毒人员的；

(七)其他徇私舞弊、玩忽职守、不履行法定职责的行为。

第七章 附则

第四十六条 本条例自公布之日起施行。1995年1月12日国务院发布的《强制戒毒办法》同时废止。

附录三 《艾滋病防治条例》

第一章 总则

第一条 为了预防、控制艾滋病的发生与流行，保障人体健康和公共卫生，根据传染病防治法，制定本条例。

第二条 艾滋病防治工作坚持预防为主、防治结合的方针，建立政府组织领导、部门各负其责、全社会共同参与的机制，加强宣传教育，采取行为干预和关怀救助等措施，实行综合防治。

第三条 任何单位和个人不得歧视艾滋病病毒感染者、艾滋病病人及其家属。艾滋病病毒感染者、艾滋病病人及其家属享有的婚姻、就业、就医、入学等合法权益受法律保护。

第四条 县级以上人民政府统一领导艾滋病防治工作，建立健全艾滋病防治工作协调机制和工作责任制，对有关部门承担的艾滋病防治工作进行考核、监督。

县级以上人民政府有关部门按照职责分工负责艾滋病防治及其监督管理工作。

第五条 国务院卫生主管部门会同国务院其他有关部门制定国家艾滋病防治规划；县级以上地方人民政府依照本条例规定和国家艾滋病防治规划，制定并组织实施本行政区域的艾滋病防治行动计划。

第六条 国家鼓励和支持工会、共产主义青年团、妇女联合会、红十字会等团体协助各级人民政府开展艾滋病防治工作。

居民委员会和村民委员会应当协助地方各级人民政府和政府有关部门开展有关艾滋病防治的法律、法规、政策和知识的宣传教育，发展有关艾滋病防治的公益事业，做好艾滋病防治工作。

第七条 各级人民政府和政府有关部门应当采取措施，鼓励和支持有关组织和个人依照本条例规定以及国家艾滋病防治规划和艾滋病防治行动计划的要求，参与艾滋病防治工作，对艾滋病防治工作提供捐赠，对有易感染艾滋病病毒危险行为的人群进行行为干预，对艾滋病病毒感染者、艾滋病病人及其家属提供关怀和救助。

第八条 国家鼓励和支持开展与艾滋病预防、诊断、治疗等有关的科学研究，提高艾滋病防治的科学技术水平；鼓励和支持开展传统医药以及传统医药与现代医药相结合防治艾滋病的临床治疗与研究。

国家鼓励和支持开展艾滋病防治工作的国际合作与交流。

第九条 县级以上人民政府和政府有关部门对在艾滋病防治工作中做出显著成绩和贡献的单位和个人，给予表彰和奖励。

对因参与艾滋病防治工作或者因执行公务感染艾滋病病毒，以及因此致病、丧失劳动能力或者死亡的人员，按照有关规定给予补助、抚恤。

第二章 宣传教育

第十条 地方各级人民政府和政府有关部门应当组织开展艾滋病防治以及关怀和不歧视艾滋病病毒感染者、艾滋病病人及其家属的宣传教育，提倡健康文明的生活方式，营造良好的艾滋病防治的社会环境。

第十一条 地方各级人民政府和政府有关部门应当在车站、码头、机场、公园等公共场所以及旅客列车和从事旅客运输的船舶等公共交通工具显著位置，设置固定的艾滋病防治广告牌或者张贴艾滋病防治公益广告，组织发放艾滋病防治宣传材料。

第十二条 县级以上人民政府卫生主管部门应当加强艾滋病防治的宣传教育工作，对有关部门、组织和个人开展艾滋病防治的宣传教育工作提供技术支持。

医疗卫生机构应当组织工作人员学习有关艾滋病防治的法律、法规、政策和知识；医务人员在开展艾滋病、性病等相关疾病咨询、诊断和治疗过程中，应当对就诊者进行艾滋病防治的宣传教育。

第十三条 县级以上人民政府教育主管部门应当指导、督促高等院校、中等职业学校和普通中学将艾滋病防治知识纳入有关课程，开展有关课外教育活动。

高等院校、中等职业学校和普通中学应当组织学生学习艾滋病防治知识。

第十四条 县级以上人民政府人口和计划生育主管部门应当利用计划生育宣传和技术服务网络，组织开展艾滋病防治的宣传教育。

计划生育技术服务机构向育龄人群提供计划生育技术服务和生殖健康服务时，应当开展艾滋病防治的宣传教育。

第十五条 县级以上人民政府有关部门和从事劳务中介服务的机构，应当对进城务工人员加强艾滋病防治的宣传教育。

第十六条 出入境检验检疫机构应当在出入境口岸加强艾滋病防治的宣传教育工作，对出入境人员有针对性地提供艾滋病防治咨询和指导。

第十七条 国家鼓励和支持妇女联合会、红十字会开展艾滋病防治的宣传教育，将艾滋病防治的宣传教育纳入妇女儿童工作内容，提高妇女预防艾滋病的意识和能力，组织红十字会会员和红十字会志愿者开展艾滋病防治的宣传教育。

第十八条 地方各级人民政府和政府有关部门应当采取措施，鼓励和支持有关组织和个人对有易感染艾滋病病毒危险行为的人群开展艾滋病防治的咨询、指导和宣传教育。

第十九条 广播、电视、报刊、互联网等新闻媒体应当开展艾滋病防治的公益宣传。

第二十条 机关、团体、企业事业单位、个体经济组织应当组织本单位从业人员学习有关艾滋病防治的法律、法规、政策和知识，支持本单位从业人员参与艾滋病防治的宣传教育活动。

第二十一条 县级以上地方人民政府应当在医疗卫生机构开通艾滋病防治咨询服务电话，向公众提供艾滋病防治咨询服务和指导。

第三章 预防与控制

第二十二条 国家建立健全艾滋病监测网络。

国务院卫生主管部门制定国家艾滋病监测规划和方案。省、自治区、直辖市人民政府卫生主管部门根据国家艾滋病监测规划和方案，制定本行政区域的艾滋病监测计划和工作方案，组织开展艾滋病监测和专题调查，掌握艾滋病疫情变化情况和流行趋势。

疾病预防控制机构负责对艾滋病发生、流行以及影响其发生、流行的因素开展监测活动。

出入境检验检疫机构负责对出入境人员进行艾滋病监测，并将监测结果及时向卫生主管部门报告。

第二十三条　国家实行艾滋病自愿咨询和自愿检测制度。

县级以上地方人民政府卫生主管部门指定的医疗卫生机构，应当按照国务院卫生主管部门会同国务院其他有关部门制定的艾滋病自愿咨询和检测办法，为自愿接受艾滋病咨询、检测的人员免费提供咨询和初筛检测。

第二十四条　国务院卫生主管部门会同国务院其他有关部门根据预防、控制艾滋病的需要，可以规定应当进行艾滋病检测的情形。

第二十五条　省级以上人民政府卫生主管部门根据医疗卫生机构布局和艾滋病流行情况，按照国家有关规定确定承担艾滋病检测工作的实验室。

国家出入境检验检疫机构按照国务院卫生主管部门规定的标准和规范，确定承担出入境人员艾滋病检测工作的实验室。

第二十六条　县级以上地方人民政府和政府有关部门应当依照本条例规定，根据本行政区域艾滋病的流行情况，制定措施，鼓励和支持居民委员会、村民委员会以及其他有关组织和个人推广预防艾滋病的行为干预措施，帮助有易感染艾滋病病毒危险行为的人群改变行为。

有关组织和个人对有易感染艾滋病病毒危险行为的人群实施行为干预措施，应当符合本条例的规定以及国家艾滋病防治规划和艾滋病防治行动计划的要求。

第二十七条　县级以上人民政府应当建立艾滋病防治工作与禁毒工作的协调机制，组织有关部门落实针对吸毒人群的艾滋病防治措施。

省、自治区、直辖市人民政府卫生、公安和药品监督管理部门应当互相配合，根据本行政区域艾滋病流行和吸毒者的情况，积极稳妥地开展对吸毒成瘾者的药物维持治疗工作，并有计划地实施其他干预措施。

第二十八条　县级以上人民政府卫生、人口和计划生育、工商、药品监督管理、质量监督检验检疫、广播电影电视等部门应当组织推广使用安全套，建立和完善安全套供应网络。

第二十九条　省、自治区、直辖市人民政府确定的公共场所的经营者应当在公共场所内放置安全套或者设置安全套发售设施。

第三十条　公共场所的服务人员应当依照《公共场所卫生管理条例》的规定，定期进行相关健康检查，取得健康合格证明；经营者应当查验其健康合格证明，不得允许未取得健康合格证明的人员从事服务工作。

第三十一条　公安、司法行政机关对被依法逮捕、拘留和在监狱中执行刑罚以及被依法收容教育、强制戒毒和劳动教养的艾滋病病毒感染者和艾滋病病人，应当采取相应的防治措施，防止艾滋病传播。

对公安、司法行政机关依照前款规定采取的防治措施，县级以上地方人民政府应当给予经费保障，疾病预防控制机构应当予以技术指导和配合。

第三十二条　对卫生技术人员和在执行公务中可能感染艾滋病病毒的人员，县级以上人民政府卫生主管部门和其他有关部门应当组织开展艾滋病防治知识和专业技能的培训，有关单位应当采取有效的卫生防护措施和医疗保健措施。

第三十三条 医疗卫生机构和出入境检验检疫机构应当按照国务院卫生主管部门的规定，遵守标准防护原则，严格执行操作规程和消毒管理制度，防止发生艾滋病医院感染和医源性感染。

第三十四条 疾病预防控制机构应当按照属地管理的原则，对艾滋病病毒感染者和艾滋病病人进行医学随访。

第三十五条 血站、单采血浆站应当对采集的人体血液、血浆进行艾滋病检测；不得向医疗机构和血液制品生产单位供应未经艾滋病检测或者艾滋病检测阳性的人体血液、血浆。

血液制品生产单位应当在原料血浆投料生产前对每一份血浆进行艾滋病检测；未经艾滋病检测或者艾滋病检测阳性的血浆，不得作为原料血浆投料生产。

医疗机构应当对因应急用血而临时采集的血液进行艾滋病检测，对临床用血艾滋病检测结果进行核查；对未经艾滋病检测、核查或者艾滋病检测阳性的血液，不得采集或者使用。

第三十六条 采集或者使用人体组织、器官、细胞、骨髓等的，应当进行艾滋病检测；未经艾滋病检测或者艾滋病检测阳性的，不得采集或者使用。但是，用于艾滋病防治科研、教学的除外。

第三十七条 进口人体血液、血浆、组织、器官、细胞、骨髓等，应当经国务院卫生主管部门批准；进口人体血液制品，应当依照药品管理法的规定，经国务院药品监督管理部门批准，取得进口药品注册证书。

经国务院卫生主管部门批准进口的人体血液、血浆、组织、器官、细胞、骨髓等，应当依照国境卫生检疫法律、行政法规的有关规定，接受出入境检验检疫机构的检疫。未经检疫或者检疫不合格的，不得进口。

第三十八条 艾滋病病毒感染者和艾滋病病人应当履行下列义务：

(一)接受疾病预防控制机构或者出入境检验检疫机构的流行病学调查和指导；

(二)将感染或者发病的事实及时告知与其有性关系者；

(三)就医时，将感染或者发病的事实如实告知接诊医生；

(四)采取必要的防护措施，防止感染他人。

艾滋病病毒感染者和艾滋病病人不得以任何方式故意传播艾滋病。

第三十九条 疾病预防控制机构和出入境检验检疫机构进行艾滋病流行病学调查时，被调查单位和个人应当如实提供有关情况。

未经本人或者其监护人同意，任何单位或者个人不得公开艾滋病病毒感染者、艾滋病病人及其家属的姓名、住址、工作单位、肖像、病史资料以及其他可能推断出其具体身份的信息。

第四十条 县级以上人民政府卫生主管部门和出入境检验检疫机构可以封存有证据证明可能被艾滋病病毒污染的物品，并予以检验或者进行消毒。经检验，属于被艾滋病病毒污染的物品，应当进行卫生处理或者予以销毁；对未被艾滋病病毒污染的物品或者经消毒后可以使用的物品，应当及时解除封存。

第四章 治疗与救助

第四十一条 医疗机构应当为艾滋病病毒感染者和艾滋病病人提供艾滋病防治咨询、诊断和治疗服务。

医疗机构不得因就诊的病人是艾滋病病毒感染者或者艾滋病病人，推诿或者拒绝对其其他疾病进行治疗。

第四十二条 对确诊的艾滋病病毒感染者和艾滋病病人，医疗卫生机构的工作人员应当将其感染或者发病的事实告知本人；本人为无行为能力人或者限制行为能力人的，应当告知其监护人。

第四十三条 医疗卫生机构应当按照国务院卫生主管部门制定的预防艾滋病母婴传播技术指导方案的规定，对孕产妇提供艾滋病防治咨询和检测，对感染艾滋病病毒的孕产妇及其婴儿，提供预防艾滋病母婴传播的咨询、产前指导、阻断、治疗、产后访视、婴儿随访和检测等服务。

第四十四条 县级以上人民政府应当采取下列艾滋病防治关怀、救助措施：

（一）向农村艾滋病病人和城镇经济困难的艾滋病病人免费提供抗艾滋病病毒治疗药品；

（二）对农村和城镇经济困难的艾滋病病毒感染者、艾滋病病人适当减免抗机会性感染治疗药品的费用；

（三）向接受艾滋病咨询、检测的人员免费提供咨询和初筛检测；

（四）向感染艾滋病病毒的孕产妇免费提供预防艾滋病母婴传播的治疗和咨询。

第四十五条 生活困难的艾滋病病人遗留的孤儿和感染艾滋病病毒的未成年人接受义务教育的，应当免收杂费、书本费；接受学前教育和高中阶段教育的，应当减免学费等相关费用。

第四十六条 县级以上地方人民政府应当对生活困难并符合社会救助条件的艾滋病病毒感染者、艾滋病病人及其家属给予生活救助。

第四十七条 县级以上地方人民政府有关部门应当创造条件，扶持有劳动能力的艾滋病病毒感染者和艾滋病病人，从事力所能及的生产和工作。

第五章 保障措施

第四十八条 县级以上人民政府应当将艾滋病防治工作纳入国民经济和社会发展规划，加强和完善艾滋病预防、检测、控制、治疗和救助服务网络的建设，建立健全艾滋病防治专业队伍。

各级人民政府应当根据艾滋病防治工作需要，将艾滋病防治经费列入本级财政预算。

第四十九条 县级以上地方人民政府按照本级政府的职责，负责艾滋病预防、控制、监督工作所需经费。

国务院卫生主管部门会同国务院其他有关部门，根据艾滋病流行趋势，确定全国与艾滋病防治相关的宣传、培训、监测、检测、流行病学调查、医疗救治、应急处置以及监督检查等项目。中央财政对在艾滋病流行严重地区和贫困地区实施的艾滋病防治重大项目给予补助。

省、自治区、直辖市人民政府根据本行政区域的艾滋病防治工作需要和艾滋病流行趋势，确定与艾滋病防治相关的项目，并保障项目的实施经费。

第五十条 县级以上人民政府应当根据艾滋病防治工作需要和艾滋病流行趋势，储备抗艾滋病病毒治疗药品、检测试剂和其他物资。

第五十一条 地方各级人民政府应当制定扶持措施，对有关组织和个人开展艾滋病防治活动提供必要的资金支持和便利条件。有关组织和个人参与艾滋病防治公益事业，依法享受税收优惠。

第六章 法律责任

第五十二条 地方各级人民政府未依照本条例规定履行组织、领导、保障艾滋病防治工作职责，或者未采取艾滋病防治和救助措施的，由上级人民政府责令改正，通报批评；造成艾滋病传播、流行或者其他严重后果的，对负有责任的主管人员依法给予行政处分；构成犯罪的，依法追究刑事责任。

第五十三条 县级以上人民政府卫生主管部门违反本条例规定，有下列情形之一的，由本级人民政府或者上级人民政府卫生主管部门责令改正，通报批评；造成艾滋病传播、流行或者其他严重后果的，对负有责任的主管人员和其他直接责任人员依法给予行政处分；构成犯罪的，依法追究刑事责任：

（一）未履行艾滋病防治宣传教育职责的；

（二）对有证据证明可能被艾滋病病毒污染的物品，未采取控制措施的；

（三）其他有关失职、渎职行为。

出入境检验检疫机构有前款规定情形的，由其上级主管部门依照本条规定予以处罚。

第五十四条　县级以上人民政府有关部门未依照本条例规定履行宣传教育、预防控制职责的，由本级人民政府或者上级人民政府有关部门责令改正，通报批评；造成艾滋病传播、流行或者其他严重后果的，对负有责任的主管人员和其他直接责任人员依法给予行政处分；构成犯罪的，依法追究刑事责任。

第五十五条　医疗卫生机构未依照本条例规定履行职责，有下列情形之一的，由县级以上人民政府卫生主管部门责令限期改正，通报批评，给予警告；造成艾滋病传播、流行或者其他严重后果的，对负有责任的主管人员和其他直接责任人员依法给予降级、撤职、开除的处分，并可以依法吊销有关机构或者责任人员的执业许可证件；构成犯罪的，依法追究刑事责任：

（一）未履行艾滋病监测职责的；

（二）未按照规定免费提供咨询和初筛检测的；

（三）对临时应急采集的血液未进行艾滋病检测，对临床用血艾滋病检测结果未进行核查，或者将艾滋病检测阳性的血液用于临床的；

（四）未遵守标准防护原则，或者未执行操作规程和消毒管理制度，发生艾滋病医院感染或者医源性感染的；

（五）未采取有效的卫生防护措施和医疗保健措施的；

（六）推诿、拒绝治疗艾滋病病毒感染者或者艾滋病病人的其他疾病，或者对艾滋病病毒感染者、艾滋病病人未提供咨询、诊断和治疗服务的；

（七）未对艾滋病病毒感染者或者艾滋病病人进行医学随访的；

（八）未按照规定对感染艾滋病病毒的孕产妇及其婴儿提供预防艾滋病母婴传播技术指导的。

出入境检验检疫机构有前款第（一）项、第（四）项、第（五）项规定情形的，由其上级主管部门依照前款规定予以处罚。

第五十六条　医疗卫生机构违反本条例第三十九条第二款规定，公开艾滋病病毒感染者、艾滋病病人或者其家属的信息的，依照传染病防治法的规定予以处罚。

出入境检验检疫机构、计划生育技术服务机构或者其他单位、个人违反本条例第三十九条第二款规定，公开艾滋病病毒感染者、艾滋病病人或者其家属的信息的，由其上级主管部门责令改正，通报批评，给予警告，对负有责任的主管人员和其他直接责任人员依法给予处分；情节严重的，由原发证部门吊销有关机构或者责任人员的执业许可证件。

第五十七条　血站、单采血浆站违反本条例规定，有下列情形之一，构成犯罪的，依法追究刑事责任；尚不构成犯罪的，由县级以上人民政府卫生主管部门依照献血法和《血液制品管理条例》的规定予以处罚；造成艾滋病传播、流行或者其他严重后果的，对负有责任的主管人员和其他直接责任人员依法给予降级、撤职、开除的处分，并可以依法吊销血站、单采血浆站的执业许可证：

（一）对采集的人体血液、血浆未进行艾滋病检测，或者发现艾滋病检测阳性的人体血液、血浆仍然采集的；

（二）将未经艾滋病检测的人体血液、血浆，或者艾滋病检测阳性的人体血液、血浆供应给医疗机构和血液制品生产单位的。

第五十八条 违反本条例第三十六条规定采集或者使用人体组织、器官、细胞、骨髓等的，由县级人民政府卫生主管部门责令改正，通报批评，给予警告；情节严重的，责令停业整顿，有执业许可证件的，由原发证部门暂扣或者吊销其执业许可证件。

第五十九条 未经国务院卫生主管部门批准进口的人体血液、血浆、组织、器官、细胞、骨髓等，进口口岸出入境检验检疫机构应当禁止入境或者监督销毁。提供、使用未经出入境检验检疫机构检疫的进口人体血液、血浆、组织、器官、细胞、骨髓等的，由县级以上人民政府卫生主管部门没收违法物品以及违法所得，并处违法物品货值金额 3 倍以上 5 倍以下的罚款；对负有责任的主管人员和其他直接责任人员由其所在单位或者上级主管部门依法给予处分。

未经国务院药品监督管理部门批准，进口血液制品的，依照药品管理法的规定予以处罚。

第六十条 血站、单采血浆站、医疗卫生机构和血液制品生产单位违反法律、行政法规的规定，造成他人感染艾滋病病毒的，应当依法承担民事赔偿责任。

第六十一条 公共场所的经营者未查验服务人员的健康合格证明或者允许未取得健康合格证明的人员从事服务工作，省、自治区、直辖市人民政府确定的公共场所的经营者未在公共场所内放置安全套或者设置安全套发售设施的，由县级以上人民政府卫生主管部门责令限期改正，给予警告，可以并处 500 元以上 5000 元以下的罚款；逾期不改正的，责令停业整顿；情节严重的，由原发证部门依法吊销其执业许可证件。

第六十二条 艾滋病病毒感染者或者艾滋病病人故意传播艾滋病的，依法承担民事赔偿责任；构成犯罪的，依法追究刑事责任。

第七章　附则

第六十三条 本条例下列用语的含义：

艾滋病，是指人类免疫缺陷病毒(艾滋病病毒)引起的获得性免疫缺陷综合征。

对吸毒成瘾者的药物维持治疗，是指在批准开办戒毒治疗业务的医疗卫生机构中，选用合适的药物，对吸毒成瘾者进行维持治疗，以减轻对毒品的依赖，减少注射吸毒引起艾滋病病毒的感染和扩散，减少毒品成瘾引起的疾病、死亡和引发的犯罪。

标准防护原则，是指医务人员将所有病人的血液、其他体液以及被血液、其他体液污染的物品均视为具有传染性的病原物质，医务人员在接触这些物质时，必须采取防护措施。

有易感染艾滋病病毒危险行为的人群，是指有卖淫、嫖娼、多性伴、男性同性性行为、注射吸毒等危险行为的人群。

艾滋病监测，是指连续、系统地收集各类人群中艾滋病(或者艾滋病病毒感染)及其相关因素的分布资料，对这些资料综合分析，为有关部门制定预防控制策略和措施提供及时可靠的信息和依据，并对预防控制措施进行效果评价。

艾滋病检测，是指采用实验室方法对人体血液、其他体液、组织器官、血液衍生物等进行艾滋病病毒、艾滋病病毒抗体及相关免疫指标检测，包括监测、检验检疫、自愿咨询检测、临床诊断、血液及血液制品筛查工作中的艾滋病检测。

行为干预措施，是指能够有效减少艾滋病传播的各种措施，包括：针对经注射吸毒传播艾滋病的美沙酮维持治疗等措施；针对经性传播艾滋病的安全套推广使用措施，以及规范、方便的性病诊疗措施；针对母婴传播艾滋病的抗病毒药物预防和人工代乳品喂养等措施；早期发现感染者和有助于危险行为改变的自愿咨询检测措施；健康教育措施；提高个人规范意识以及减少危险行为的针对性同伴教育措施。

第六十四条 本条例自 2006 年 3 月 1 日起施行。1987 年 12 月 26 日经国务院批准，1988 年 1 月 14 日由卫生部、外交部、公安部、原国家教育委员会、国家旅游局、原中国民用航空局、国家外国专家局发布的《艾滋病监测管理的若干规定》同时废止。

附录四 麻醉药品和精神药品品种目录

麻醉药品品种目录(2013 年版)

序号	中文名	英文名	CAS 号	备注
1	醋托啡	Acetorphine	25333-77-1	
2	乙酰阿法甲基芬太尼	Acetyl-alpha-methylfentanyl	101860-00-8	
3	醋美沙多	Acetylmethadol	509-74-0	
4	阿芬太尼	Alfentanil	71195-58-9	
5	烯丙罗定	Allylprodine	25384-17-2	
6	阿醋美沙多	Alphacetylmethadol	17199-58-5	
7	阿法美罗定	Alphameprodine	468-51-9	
8	阿法美沙多	Alphamethadol	17199-54-1	
9	阿法甲基芬太尼	Alpha-methylfentanyl	79704-88-4	
10	阿法甲基硫代芬太尼	Alpha-methylthiofentanyl	103963-66-2	
11	阿法罗定	Alphaprodine	77-20-3	
12	阿尼利定	Anileridine	144-14-9	
13	苄替啶	Benzethidine	3691-78-9	
14	苄吗啡	Benzylmorphine	36418-34-5	
15	倍醋美沙多	Betacetylmethadol	17199-59-6	
16	倍他羟基芬太尼	Beta-hydroxyfentanyl	78995-10-5	
17	倍他羟基-3-甲基芬太尼	Beta-hydroxy-3-methyl-fentanyl	78995-14-9	
18	倍他美罗定	Betameprodine	468-50-8	
19	倍他美沙多	Betamethadol	17199-55-2	
20	倍他罗定	Betaprodine	468-59-7	

续表

序号	中文名	英文名	CAS号	备注
21	贝齐米特	Bezitramide	15301-48-1	
22	大麻和大麻树脂与大麻浸膏和酊	Cannabis and Cannabis Resin and Extracts and Tinctures of Cannabis	8063-14-76465-30-1	
23	氯尼他秦	Clonitazene	3861-76-5	
24	古柯叶	Coca Leaf		
25	可卡因*	Cocaine	50-36-2	
26	可多克辛	Codoxime	7125-76-0	
27	罂粟浓缩物*	Concentrate of Poppy Straw		包括罂粟果提取物*，罂粟果提取物粉*
28	地索吗啡	Desomorphine	427-00-9	
29	右吗拉胺	Dextromoramide	357-56-2	
30	地恩丙胺	Diampromide	552-25-0	
31	二乙噻丁	Diethylthiambutene	86-14-6	
32	地芬诺辛	Difenoxin	28782-42-5	
33	二氢埃托啡*	Dihydroetorphine	14357-76-7	
34	双氢吗啡	Dihydromorphine	509-60-4	
35	地美沙多	Dimenoxadol	509-78-4	
36	地美庚醇	Dimepheptanol	545-90-4	
37	二甲噻丁	Dimethylthiambutene	524-84-5	
38	吗苯丁酯	Dioxaphetyl Butyrate	467-86-7	
39	地芬诺酯*	Diphenoxylate	915-30-0	
40	地匹哌酮	Dipipanone	467-83-4	
41	羟蒂巴酚	Drotebanol	3176-03-2	
42	芽子碱	Ecgonine	481-37-8	
43	乙甲噻丁	Ethylmethylthiambutene	441-61-2	
44	依托尼秦	Etonitazene	911-65-9	
45	埃托啡	Etorphine	14521-96-1	
46	依托利定	Etoxeridine	469-82-9	
47	芬太尼*	Fentanyl	437-38-7	
48	呋替啶	Furethidine	2385-81-1	
49	海洛因	Heroin	561-27-3	
50	氢可酮*	Hydrocodone	125-29-1	
51	氢吗啡醇	Hydromorphinol	2183-56-4	

续表

序号	中文名	英文名	CAS 号	备注
52	氢吗啡酮*	Hydromorphone	466-99-9	
53	羟哌替啶	Hydroxypethidine	468-56-4	
54	异美沙酮	Isomethadone	466-40-0	
55	凯托米酮	Ketobemidone	469-79-4	
56	左美沙芬	Levomethorphan	125-70-2	
57	左吗拉胺	Levomoramide	5666-11-5	
58	左芬啡烷	Levophenacylmorphan	10061-32-2	
59	左啡诺	Levorphanol	77-07-6	
60	美他佐辛	Metazocine	3734-52-9	
61	美沙酮*	Methadone	76-99-3	
62	美沙酮中间体	Methadone Intermediate	125-79-1	4-氰基-2-二甲氨基-4，4-二苯基丁烷
63	甲地索啡	Methyldesorphine	16008-36-9	
64	甲二氢吗啡	Methyldihydromorphine	509-56-8	
65	3-甲基芬太尼	3-Methylfentanyl	42045-86-3	
66	3-甲基硫代芬太尼	3-Methylthiofentanyl	86052-04-2	
67	美托酮	Metopon	143-52-2	
68	吗拉胺中间体	Moramide Intermediate	3626-55-9	2-甲基-3-吗啉基-1，1-二苯基丁酸
69	吗哌利定	Morpheridine	469-81-8	
70	吗啡*	Morphine	57-27-2	包括吗啡阿托品注射液*
71	吗啡甲溴化物	Morphine Methobromide	125-23-5	包括其他五价氮吗啡衍生物，特别包括吗啡-N-氧化物，其中一种是可待因-N-氧化物
72	吗啡-N-氧化物	Morphine-N-oxide	639-46-3	
73	1-甲基-4-苯基-4-哌啶丙酸酯	1-Methyl-4-phenyl-4-piperidinol propionate（ester）	13147-09-6	MPPP
74	麦罗啡	Myrophine	467-18-5	
75	尼可吗啡	Nicomorphine	639-48-5	
76	诺美沙多	Noracymethadol	1477-39-0	
77	去甲左啡诺	Norlevorphanol	1531-12-0	
78	去甲美沙酮	Normethadone	467-85-6	
79	去甲吗啡	Normorphine	466-97-7	
80	诺匹哌酮	Norpipanone	561-48-8	
81	阿片*	Opium	8008-60-4	包括复方樟脑酊*、阿桔片*

续表

序号	中文名	英文名	CAS 号	备注
82	奥列巴文	Oripavine	467-04-9	
83	羟考酮*	Oxycodone	76-42-5	
84	羟吗啡酮	Oxymorphone	76-41-5	
85	对氟芬太尼	Para-fluorofentanyl	90736-23-5	
86	哌替啶*	Pethidine	57-42-1	
87	哌替啶中间体 A	Pethidine Intermediate A	3627-62-1	4-氰基-1-甲基-4-苯基哌啶
88	哌替啶中间体 B	Pethidine Intermediate B	77-17-8	4-苯基哌啶-4-羧酸乙酯
89	哌替啶中间体 C	Pethidine Intermediate C	3627-48-3	1-甲基-4-苯基哌啶-4-羧酸
90	苯吗庚酮	Phenadoxone	467-84-5	
91	非那丙胺	Phenampromide	129-83-9	
92	非那佐辛	Phenazocine	127-35-5	
93	1-苯乙基-4-苯基-4-哌啶乙酸酯	1-Phenethyl-4-phenyl-4-piperidinol acetate (ester)	64-52-8	PEPAP
94	非诺啡烷	Phenomorphan	468-07-5	
95	苯哌利定	Phenoperidine	562-26-5	
96	匹米诺定	Piminodine	13495-09-5	
97	哌腈米特	Piritramide	302-41-0	
98	普罗庚嗪	Proheptazine	77-14-5	
99	丙哌利定	Properidine	561-76-2	
100	消旋甲啡烷	Racemethorphan	510-53-2	
101	消旋吗拉胺	Racemoramide	545-59-5	
102	消旋啡烷	Racemorphan	297-90-5	
103	瑞芬太尼*	Remifentanil	132875-61-7	
104	舒芬太尼*	Sufentanil	56030-54-7	
105	醋氢可酮	Thebacon	466-90-0	
106	蒂巴因*	Thebaine	115-37-7	
107	硫代芬太尼	Thiofentanyl	1165-22-6	
108	替利定	Tilidine	20380-58-9	
109	三甲利定	Trimeperidine	64-39-1	
110	醋氢可待因	Acetyldihydrocodeine	3861-72-1	
111	可待因*	Codeine	76-57-3	
112	右丙氧芬*	Dextropropoxyphene	469-62-5	
113	双氢可待因*	Dihydrocodeine	125-28-0	
114	乙基吗啡*	Ethylmorphine	76-58-4	

续表

序号	中文名	英文名	CAS 号	备注
115	尼可待因	Nicocodine	3688-66-2	
116	烟氢可待因	Nicodicodine	808-24-2	
117	去甲可待因	Norcodeine	467-15-2	
118	福尔可定*	Pholcodine	509-67-1	
119	丙吡兰	Propiram	15686-91-6	
120	布桂嗪*	Bucinnazine		
121	罂粟壳*	Poppy Shell		

注：1. 上述品种包括其可能存在的盐和单方制剂(除非另有规定)。

2. 上述品种包括其可能存在的异构体、酯及醚(除非另有规定)。

3. 品种目录有*的麻醉药品为我国生产及使用的品种。

精神药品品种目录(2013 年版)

第一类

序号	中文名	英文名	CAS 号	备注
1	布苯丙胺	Brolamfetamine	64638-07-9	DOB
2	卡西酮	Cathinone	71031-15-7	
3	二乙基色胺	3-[2-(Diethylamino)ethyl]indole	7558-72-7	DET
4	二甲氧基安非他明	(±)-2，5-Dimethoxy-alpha-methylphenethy-lamine	2801-68-5	DMA
5	(1，2-二甲基庚基)羟基四氢甲基二苯吡喃	3-(1，2-dimethylheptyl)-7，8，9，10-tetrahydro-6，6，9-trimethyl-6Hdibenzo[b，d]pyran-1-ol	32904-22-6	DMHP
6	二甲基色胺	3-[2-(Dimethylamino)ethyl]indole	61-50-7	DMT
7	二甲氧基乙基安非他明	(±)-4-ethyl-2，5-dimethoxy-α-methylphenethy-lamine	22139-65-7	DOET
8	乙环利定	Eticyclidine	2201-15-2	PCE
9	乙色胺	Etryptamine	2235-90-7	
10	羟芬胺	(±)-N-[alpha-methyl-3，4-(methylenedioxy) phe-nethyl] hy-droxylamine	74698-47-8	N-hydroxy MDA
11	麦角二乙胺	(+)-Lysergide	50-37-3	LSD
12	乙芬胺	(±)-N-ethyl-alpha-methyl-3，4-(methylenedioxy)phenethylamine	82801-81-8	N-ethyl MDA
13	二亚甲基双氧安非他明	(±)-N，alpha-dimethyl-3，4-(methylene-dioxy)phenethylamine	42542-10-9	MDMA
14	麦司卡林	Mescaline	54-04--6	
15	甲卡西酮	Methcathinone	5650-44-2（右旋体），49656-78-2（右旋体盐酸盐），112117-24-5（左旋体），66514-93-0(左旋体盐酸盐)	
16	甲米雷司	4-Methylaminorex	3568-94-3	
17	甲羟芬胺	5-methoxy-α-methyl-3，4-(methyl-enedioxy) phene-thylamine	13674-05-0	MMDA
18	4-甲基硫基安非他明	4-Methylthioamfetamine	14116-06-4	
19	六氢大麻酚	Parahexyl	117-51-1	

续表

序号	中文名	英文名	CAS 号	备注
20	副甲氧基安非他明	P-methoxy-alpha-methylphenethyl-amine	64-13-1	PMA
21	赛洛新	Psilocine	520-53-6	
22	赛洛西宾	Psilocybine	520-52-5	
23	咯环利定	Rolicyclidine	2201-39-0	PHP
24	二甲氧基甲苯异丙胺	2，5-Dimethoxy-alpha， 4-dimeth-ylphenethylamine	15588-95-1	STP
25	替苯丙胺	Tenamfetamine	4764-17-4	MDA
26	替诺环定	Tenocyclidine	21500-98-1	TCP
27	四氢大麻酚	Tetrahydrocannabinol		包括同分异构体及其立体化学变体
28	三甲氧基安非他明	(±)-3，4，5-Trimethoxy-alpha-methylphenethylamine	1082-88-8	TMA
29	苯丙胺	Amfetamine	300-62-9	
30	氨奈普汀	Amineptine	57574-09-1	
31	2，5-二甲氧基-4-溴苯乙胺	4-Bromo-2， 5-dime-thoxypheneth-ylamine	66142-81-2	2-CB
32	右苯丙胺	Dexamfetamine	51-64-9	
33	屈大麻酚	Dronabinol	1972-08-3	δ-9-四氢大麻酚及其立体化学异构体
34	芬乙茶碱	Fenetylline	3736-08-1	
35	左苯丙胺	Levamfetamine	156-34-3	
36	左甲苯丙胺	Levomethamfetamine	33817-09-3	
37	甲氯喹酮	Mecloqualone	340-57-8	
38	去氧麻黄碱	Metamfetamine	537-46-2	
39	去氧麻黄碱外消旋体	Metamfetamine Racemate	7632-10-2	
40	甲喹酮	Methaqualone	72-44-6	
41	哌醋甲酯*	Methylphenidate	113-45-1	
42	苯环利定	Phencyclidine	77-10-1	PCP
43	芬美曲秦	Phenmetrazine	134-49-6	
44	司可巴比妥*	Secobarbital	76-73-3	
45	齐培丙醇	Zipeprol	34758-83-3	
46	安非拉酮	Amfepramone	90-84-6	
47	苄基哌嗪	Benzylpiperazine	2759-28-6	BZP

续表

序号	中文名	英文名	CAS号	备注
48	丁丙诺啡*	Buprenorphine	52485-79-7	
49	1-丁基-3-(1-萘甲酰基)吲哚	1-Butyl-3-(1-naphthoyl)indole	208987-48-8	JWH-073
50	恰特草	Catha edulis Forssk		Khat
51	2，5-二甲氧基-4-碘苯乙胺	2，5-Dimethoxy-4-iodo-phenethylamine	69587-11-7	2C-I
52	2，5-二甲氧基苯乙胺	2，5-Dimethoxyphenethylamine	3600-86-0	2C-H
53	二甲基安非他明	Dimethylamfetamine	4075-96-1	
54	依他喹酮	Etaqualone	7432-25-9	
55	[1-(5-氟戊基)-1H-吲哚-3-基](2-碘苯基)甲酮	(1-(5-Fluoropentyl)-3-(2-iodobenzoyl)indole)	335161-03-0	AM-694
56	1-(5-氟戊基)-3-(1-萘甲酰基)-1H-吲哚	1-(5-Fluoropentyl)-3-(1-naphthoyl)indole	335161-24-5	AM-2201
57	γ-羟丁酸*	Gamma-hydroxybutyrate	591-81-1	GHB
58	氯胺酮*	Ketamine	6740-88-1	
59	马吲哚*	Mazindol	22232-71-9	
60	2-(2-甲氧基苯基)-1-(1-戊基-1H-吲哚-3-基)乙酮	2-(2-Methoxyphenyl)-1-(1-pentyl-1H-indol-3-yl)ethanone	864445-43-2	JWH-250
61	亚甲基二氧吡咯戊酮	Methylenedioxypyrovalerone	687603-66-3	MDPV
62	4-甲基乙卡西酮	4-Methylethcathinone	1225617-18-4	4-MEC
63	4-甲基甲卡西酮	4-Methylmethcathinone	5650-44-2	4-MMC
64	3，4-亚甲二氧基甲卡西酮	3，4-Methylenedioxy-N-methylcathinone	186028-79-5	Methylone
65	莫达非尼	Modafinil	68693-11-8	
66	1-戊基-3-(1-萘甲酰基)吲哚	1-Pentyl-3-(1-naph-thoyl) indole	209414-07-3	JWH-018
67	他喷他多	Tapentadol	175591-23-8	
68	三唑仑*	Triazolam	28911-01-5	

第二类

序号	中文名	英文名	CAS号	备注
1	异戊巴比妥*	Amobarbital	57-43-2	
2	布他比妥	Butalbital	77-26-9	

续表

序号	中文名	英文名	CAS 号	备注
3	去甲伪麻黄碱	Cathine	492-39-7	
4	环己巴比妥	Cyclobarbital	52-31-3	
5	氟硝西泮	Flunitrazepam	1622-62-4	
6	格鲁米特*	Glutethimide	77-21-4	
7	喷他佐辛*	Pentazocine	55643-30-6	
8	戊巴比妥*	Pentobarbital	76-74-4	
9	阿普唑仑*	Alprazolam	28981-97-7	
10	阿米雷司	Aminorex	2207-50-3	
11	巴比妥*	Barbital	57-44-3	
12	苄非他明	Benzfetamine	156-08-1	
13	溴西泮	Bromazepam	1812-30-2	
14	溴替唑仑	Brotizolam	57801-81-7	
15	丁巴比妥	Butobarbital	77-28-1	
16	卡马西泮	Camazepam	36104-80-0	
17	氯氮䓬	Chlordiazepoxide	58-25-3	
18	氯巴占	Clobazam	22316-47-8	
19	氯硝西泮*	Clonazepam	1622-61-3	
20	氯拉䓬酸	Clorazepate	23887-31-2	
21	氯噻西泮	Clotiazepam	33671-46-4	
22	氯噁唑仑	Cloxazolam	24166-13-0	
23	地洛西泮	Delorazepam	2894-67-9	
24	地西泮*	Diazepam	439-14-5	
25	艾司唑仑*	Estazolam	29975-16-4	
26	乙氯维诺	Ethchlorvynol	113-18-8	
27	炔己蚁胺	Ethinamate	126-52-3	
28	氯氟䓬乙酯	Ethyl Loflazepate	29177-84-2	
29	乙非他明	Etilamfetamine	457-87-4	
30	芬坎法明	Fencamfamin	1209-98-9	
31	芬普雷司	Fenproporex	16397-28-7	
32	氟地西泮	Fludiazepam	3900-31-0	
33	氟西泮*	Flurazepam	17617-23-1	
34	哈拉西泮	Halazepam	23092-17-3	
35	卤沙唑仑	Haloxazolam	59128-97-1	
36	凯他唑仑	Ketazolam	27223-35-4	
37	利非他明	Lefetamine	7262-75-1	SPA

续表

序号	中文名	英文名	CAS 号	备注
38	氯普唑仑	Loprazolam	61197-73-7	
39	劳拉西泮*	Lorazepam	846-49-1	
40	氯甲西泮	Lormetazepam	848-75-9	
41	美达西泮	Medazepam	2898-12-6	
42	美芬雷司	Mefenorex	17243-57-1	
43	甲丙氨酯*	Meprobamate	57-53-4	
44	美索卡	Mesocarb	34262-84-5	
45	甲苯巴比妥	Methylphenobarbital	115-38-8	
46	甲乙哌酮	Methyprylon	125-64-4	
47	咪达唑仑*	Midazolam	59467-70-8	
48	尼美西泮	Nimetazepam	2011-67-8	
49	硝西泮*	Nitrazepam	146-22-5	
50	去甲西泮	Nordazepam	1088-11-5	
51	奥沙西泮*	Oxazepam	604-75-1	
52	奥沙唑仑	Oxazolam	24143-17-7	
53	匹莫林*	Pemoline	2152-34-3	
54	苯甲曲秦	Phendimetrazine	634-03-7	
55	苯巴比妥*	Phenobarbital	50-06-6	
56	芬特明	Phentermine	122-09-8	
57	匹那西泮	Pinazepam	52463-83-9	
58	哌苯甲醇	Pipradrol	467-60-7	
59	普拉西泮	Prazepam	2955-38-6	
60	吡咯戊酮	Pyrovalerone	3563-49-3	
61	仲丁比妥	Secbutabarbital	125-40-6	
62	替马西泮	Temazepam	846-50-4	
63	四氢西泮	Tetrazepam	10379-14-3	
64	乙烯比妥	Vinylbital	2430-49-1	
65	唑吡坦*	Zolpidem	82626-48-0	
66	阿洛巴比妥	Allobarbital	58-15-1	
67	丁丙诺啡透皮贴剂*	Buprenorphine Transdermal patch		
68	布托啡诺及其注射剂*	Butorphanol and its injection	42408-82-2	
69	咖啡因*	Caffeine	58-08-2	
70	安钠咖*	Caffeine Sodium Benzoate		CNB
71	右旋芬氟拉明	Dexfenfluramine	3239-44-9	

续表

序号	中文名	英文名	CAS号	备注
72	地佐辛及其注射剂*	Dezocine and Its Injection	53648-55-8	
73	麦角胺咖啡因片*	Ergotamine and Caffeine Tablet	379-79-3	
74	芬氟拉明	Fenfluramine	458-24-2	
75	呋芬雷司	Furfennorex	3776-93-0	
76	纳布啡及其注射剂	Nalbuphine and its injection	20594-83-6	
77	氨酚氢可酮片*	Paracetamol and Hydro-codone Bitartrate Tablet		
78	丙己君	Propylhexedrine	101-40-6	
79	曲马多*	Tramadol	27203-92-5	
80	扎来普隆*	Zaleplon	151319-34-5	
81	佐匹克隆	Zopiclone	43200-80-2	

注：1. 上述品种包括其可能存在的盐和单方制剂(除非另有规定)。

2. 上述品种包括其可能存在的异构体(除非另有规定)。

3. 品种目录有*的精神药品为我国生产及使用的品种。

附录五 2022 年中国毒情形势报告

前言

2022 年，中国禁毒部门认真贯彻习近平总书记关于禁毒工作重要指示精神和党中央、国务院决策部署，以做好党的二十大安保维稳为主线，深入实施“清源断流”战略，全力开展“百日行动”，全面整治突出毒品问题，推动疫情防控条件下的禁毒工作取得新的成效。全年共破获毒品犯罪案件 3.5 万起，抓获犯罪嫌疑人 5.3 万名，缴获各类毒品 21.9 吨，查处吸毒人员 19.7 万人次，同比分别下降 28.6%、24.3%、18.7%和 39.7%。总体看，在疫情防控、高压打击整治等多种因素作用下，全国毒情形势整体向好、持续改善，毒品违法犯罪活动下降至近 10 年来的最低点，毒品供应、毒品消费和毒品滥用规模持续减少。同时，全球毒潮持续泛滥，毒品产量、吸毒人数持续增多，毒品走私贩运活动持续加剧。随着我国新冠病毒感染实施“乙类乙管”，国内毒品问题出现新情况新动向，中国禁毒斗争形势更加复杂多变。

一、毒品滥用

通过广泛开展禁毒宣传教育，深入推进吸毒人员“平安关爱”行动，全国毒品滥用规模持续缩小。截至 2022 年底，现有吸毒人员 112.4 万名，同比下降 24.3%，占全国人口总数的 0.8‰；戒断三年未发现复吸人员 379 万名，同比上升 11.4%；新发现吸毒人员 7.1 万名，同比下降 41.7%。现有吸毒人数连续 5 年下降，戒断三年未发现复吸人数连续 10 年上升，毒品滥用治理成效持续显现。

——滥用人数持续减少。现有吸毒人员中，滥用海洛因 41.6 万名、冰毒 58.8 万名、氯胺酮 3.2 万名，同比分别下降 25.2%、25.8%、14.7%。据各地开展城市污水中毒品成分监测结果显示，海洛因、冰毒、氯胺酮等 3 类滥用人数较多的常见毒品消费量普遍大幅下降。

——滥用品种多样叠加。受毒品供应大幅降低影响，国内常见毒品价格居高不下，毒品买不到、吸不起成为普遍现象。部分吸毒人员为缓解毒瘾，转而寻求其他麻精药品、新精神活性物质及未列管物质进行替代滥用，或交叉滥用非惯用毒品以满足毒瘾。全年查处滥用曲马多、二氯西泮等麻精药品和氟胺酮、合成大麻素等新精神活性物质人数增多。

——滥用替代物质危害显现。吸毒人员滥用毒品替代物质后，易导致精神异常、出现幻觉或者狂躁症状，存在肇事肇祸风险。不法分子利用迷药类精神药品制成“迷奸水”“听话水”，实施强奸、猥亵等犯罪活动。多地还出现青少年群体滥用“笑气”、依托咪酯等未列管物质情况，严重侵害青少年身心健康。

二、毒品来源

中国毒品主要来自境外，国内地下制造毒品市场占比极小。全年共缴获海洛因、冰毒、氯胺酮等3类毒品11.7吨，同比下降32%，其中来自境外10.9吨、来自国内渠道0.8吨，分占缴获毒品总量的92.3%和6.7%。

(一)境外毒品渗透情况

——“金三角”地区仍是我国最主要毒源地。全年缴获海洛因1.3吨，同比下降27.6%，其中来自“金三角”地区1.29吨、“金新月”地区15.8千克，分占缴获总量的98.8%和1.2%。缴获冰毒9.1吨，同比下降39.3%，其中来自“金三角”地区8.4吨，占缴获总量的92.1%。

——境外输入氯胺酮和可卡因较多。全年缴获氯胺酮1.3吨，同比上升185%，主要来自柬埔寨和泰国，经我国东南沿海向港台地区中转；全年缴获可卡因176.6千克，同比下降74.4%，主要从南美地区海运走私至我国沿海地区中转分销，以大宗案件为主。

——境外输入大麻多来自北美地区。全年缴获境外大麻200.6千克，同比减少35.1%，主要来自北美地区，多通过国际邮包少量、多次、分散入境，涉及我国多个省份。

(二)国内毒品制造情况

——毒品制造活动继续萎缩。通过持续推进“除冰肃毒”专项行动和重点地区突出毒品问题整治工作，创新完善全链条打击模式，国内规模性制毒活动得到有效遏制。全年共缴获毒品656千克，同比下降12.4%，制毒活动在部分省份零星散发，呈现出选址隐蔽、规模小型、分段加工、多点合成等“零、小、散”特点。

——制毒物品流失不断减少。通过加强易制毒化学品监管，推进制毒物品清理整顿，强化流失堵截倒查工作，国内制毒物品流失得到有效防控。全国破获制毒物品案件287起，同比上升24.8%，缴获各类制毒物品660.2吨，同比下降48.5%。不法分子为逃避法律监管、规避打击，不断研发改进制毒工艺，寻求更多种类非列管化学品用于制毒。

三、毒品贩运

全年共破获走私、贩卖、运输毒品案件2.7万起，抓获犯罪嫌疑人4.1万人，缴毒10吨，同比分别下降29.9%、31.7%和29.3%。受疫情防控、边境封控等诸多限制和全国禁毒部门开展“清源断流”专项行动打击堵截影响，毒品走私贩运活动大幅减少，贩毒分子不断改变运毒通道、藏毒手法、贩卖方式，多采用受疫情影响小、被查获风险低的贩毒模式。

——贩毒渠道以陆路为主。共破获陆路贩毒案件2万起，缴获毒品7吨，同比下降28.1%和49.3%，分别占总数的74.1%和68.6%。破获邮路贩毒案件2103起，缴获毒品1.5吨，同比下降43.8%和57.1%，分别占总数的7.8%和14.3%。海上走私大宗毒品问题突出，共缴获毒品1.1吨，占比0.8%。

——跨区域贩毒活动减少。疫情防控带来跨境跨区域活动受限，外籍人员在华贩毒及国内跨省域贩毒活动数量减少。全年共抓获外籍贩毒嫌疑人141名，同比下降47%；破获跨省域贩毒案件4543起，同比下降34.7%；抓获外流贩毒人员6626名，同比下降30.7%。

——非接触式贩毒模式突出。全年共破获涉互联网贩毒案件2761起，缴获毒品1.2吨，缴毒数量同比增长119%。在疫情防控条件下，不法分子越来越多通过互联网进行勾连，利用大众网络平台发布涉毒信息，使用小众社交软件组群通联，联络中使用隐语、暗语，聊天记录“阅后即焚”，交易资金采用虚拟货币、游戏币在线支付；交货采取雇佣专业运毒组织、物流货车代送，或通过邮包寄递、同城快递、“埋雷”等方式寄送，交易两头不见人。

——毒品价格持续飙升。受供给量大幅减少、毒品销售贩运流通渠道一定程度受阻等影响，3 类滥用人数较多的常见毒品全国零售平均价较上年大幅上升，海洛因 1261.1 元/克，同比上升 31.6%，冰毒晶体 1207 元/克，同比上升 37%，氯胺酮 794 元/克，同比上升 67.7%。

结语

2023 年，中国禁毒部门将继续坚定责任担当、忠实履职尽责，统筹发展安全两件大事、国内国际两个大局、网上网下两个战场，坚持下先手棋、打主动仗，坚持整体发力、系统治理，准确把握优化调整疫情防控政策后毒品形势的新变化新特点，针对新形势，研究新问题，推出新战法，深入推进“清源断流”等专项行动，大力整治突出毒品问题，积极推进毒品治理体系和治理能力现代化，着力推动禁毒工作高质量发展，巩固拓展全国禁毒斗争形势整体向好态势，为全面建设社会主义现代化国家开好局起好步贡献力量。

参考文献

[1]王增珍. 毒品与艾滋病预防教育：教师用书[M]. 北京：人民卫生出版社，2008.

[2]江伟康. 大学生健康教育读本[M]. 上海：上海医科大学出版社，1995.

[3]郭承九. 心理障碍与心理卫生[M]. 银川：宁夏人民出版社，1999.

[4]冯建军. 生命与教育[M]. 北京：教育科学出版社，2004.

[5]中国疾病预防控制中心，中英性病艾滋病防治合作项目. 艾滋病行为监测操作手册[M]. 北京：人民卫生出版社，2006.

[6]桂希恩. 生命要设防：预防艾滋病知识普及读本[M]. 武汉：湖北科学技术出版社，2008.

[7]高运弘，李云昭，杨红斌. 艾滋病的预防与控制[M]. 成都：西南交通大学出版社，2009.

[8]王清，杨春兰，朱玉玲. 艾滋病预防控制教育读本[M]. 昆明：云南大学出版社，2011.

[9]李建新. 禁毒与预防艾滋病生命教育读本[M]. 2 版. 北京：北京师范大学出版社，2013.

教学资源服务指南

仅限教师索取

感谢您使用本书。为方便教学，我社为教师提供资源下载、样书申请等服务，如贵校已选用本书，您只要关注微信公众号“高职财经教学研究”，或加入下列教师交流QQ群即可免费获得相关服务。

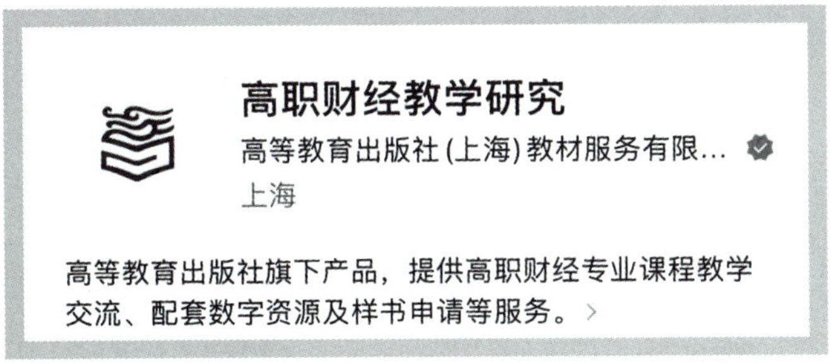

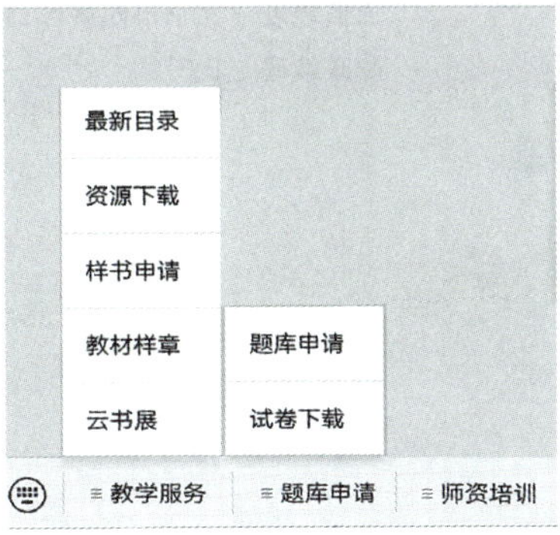

资源下载：点击“**教学服务**”—“**资源下载**”，注册登录后可搜索相应的资源并下载。（建议用电脑浏览器操作）

样书申请：点击“**教学服务**”—“**样书申请**”，填写相关信息即可申请样书。

样章下载：点击“**教学服务**”—“**教材样章**”，即可下载在供教材的前言、目录和样章。

题库申请：点击“**题库申请**”，填写相关信息即可申请题库或下载试卷。

师资培训：点击“**师资培训**”，获取最新会议信息、直播回放和往期师资培训视频。

联系方式

旅游大类QQ群：142032733

联系电话：（021）56961310　　电子邮箱：3076198581@qq.com

郑重声明

高等教育出版社依法对本书享有专有出版权。任何未经许可的复制、销售行为均违反《中华人民共和国著作权法》，其行为人将承担相应的民事责任和行政责任；构成犯罪的，将被依法追究刑事责任。为了维护市场秩序，保护读者的合法权益，避免读者误用盗版书造成不良后果，我社将配合行政执法部门和司法机关对违法犯罪的单位和个人进行严厉打击。社会各界人士如发现上述侵权行为，希望及时举报，我社将奖励举报有功人员。

反盗版举报电话 (010)58581999　58582371
反盗版举报邮箱 dd@hep.com.cn
通信地址 北京市西城区德外大街 4 号　高等教育出版社知识产权与法律事务部
邮政编码 100120